プリント形式のリアル過去問で本番の臨場感！

長崎県

長崎県立中学校
（長崎東・佐世保北・諫早高校附属）

2025年春 受験用

解答集

本書は，実物をなるべくそのままに，プリント形式で年度ごとに収録しています。
問題用紙を教科別に分けて使うことができるので，本番さながらの演習ができます。

■ 収録内容

・解答集（この冊子です）

　　書籍ID番号，この問題集の使い方，最新年度実物データ，リアル過去問の活用，
　　解答例と解説，ご使用にあたってのお願い・ご注意，お問い合わせ

・2024（令和6）年度 ～ 2015（平成27）年度　学力検査問題

JN131777

○は収録あり	年度	'24	'23	'22	'21	'20	'19
■ 問題(適性検査・作文)		○	○	○	○	○	○
■ 解答用紙		○	○	○	○	○	○
■ 配点		○	○	○	○	○	○

全分野に解説
があります

上記に2018～2015年度を加えた10年分を収録しています

☆問題文等の非掲載はありません

教英出版

■ 書籍ID番号

入試に役立つダウンロード付録や学校情報などを随時更新して掲載しています。
教英出版ウェブサイトの「ご購入者様のページ」画面で，書籍ID番号を入力してご利用ください。

書籍ID番号 **101242**

（有効期限：2025年9月30日まで）

【入試に役立つダウンロード付録】
「要点のまとめ(国語／算数)」
「課題作文演習」 ほか

■ この問題集の使い方

年度ごとにプリント形式で収録しています。針を外して教科ごとに分けて使用します。①片側，②中央
のどちらかでとじてありますので，下図を参考に，問題用紙と解答用紙に分けて準備をしましょう（解答
用紙がない場合もあります）。

針を外すときは，けがをしないように十分注意してください。また，針を外すと紛失しやすくなります
ので気をつけましょう。

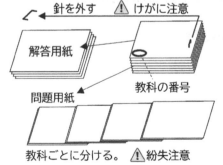
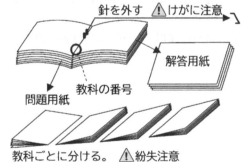

① 片側でとじてあるもの

針を外す ⚠ けがに注意
解答用紙
教科の番号
問題用紙
教科ごとに分ける。 ⚠ 紛失注意

② 中央でとじてあるもの

針を外す ⚠ けがに注意
解答用紙
教科の番号
問題用紙
教科ごとに分ける。 ⚠ 紛失注意

※教科数が上図と異なる場合があります。
　解答用紙がない場合や，問題と一体になっている場合があります。
　教科の番号は，教科ごとに分けるときの参考にしてください。

■ 最新年度 実物データ

実物をなるべくそのままに編集していますが，収録の都合上，実際の試験問題とは異なる場合があります。実物のサイズ，様式は右表で確認してください。

問題 用紙	A4冊子(二つ折り) 作文：A3片面プリント
解答 用紙	A3片面プリント

リアル過去問の活用
~リアル過去問なら入試本番で力を発揮することができる~

✿ 本番を体験しよう！

問題用紙の形式（縦向き／横向き），問題の配置や余白など，実物に近い紙面構成なので本番の臨場感が味わえます。まずはパラパラとめくって眺めてみてください。「これが志望校の入試問題なんだ！」と思えば入試に向けて気持ちが高まることでしょう。

✿ 入試を知ろう！

同じ教科の過去数年分の問題紙面を並べて，見比べてみましょう。

① 問題の量

毎年同じ大問数か，年によって違うのか，また全体の問題量はどのくらいか知っておきましょう。どのくらいのスピードで解けば時間内に終わるのか，大問ひとつにかけられる時間を計算してみましょう。

② 出題分野

よく出題されている分野とそうでない分野を見つけましょう。同じような問題が過去にも出題されていることに気がつくはずです。

③ 出題順序

得意な分野が毎年同じ大問番号で出題されていると分かれば，本番で取りこぼさないように先回りして解答することができるでしょう。

④ 解答方法

記述式か選択式か（マークシートか），見ておきましょう。記述式なら，単位まで書く必要があるかどうか，文字数はどのくらいかなど，細かいところまでチェックしておきましょう。計算過程を書く必要があるかどうかも重要です。

⑤ 問題の難易度

必ず正解したい基本問題，条件や指示の読み間違いといったケアレスミスに気をつけたい問題，後回しにしたほうがいい問題などをチェックしておきましょう。

✿ 問題を解こう！

志望校の入試傾向をつかんだら，問題を何度も解いていきましょう。ほかにも問題文の独特な言いまわしや，その学校独自の答え方を発見できることもあるでしょう。オリンピックや環境問題など，話題になった出来事を毎年出題する学校だと分かれば，日頃のニュースの見かたも変わってきます。

こうして志望校の入試傾向を知り対策を立てることこそが，過去問を解く最大の理由なのです。

✿ 実力を知ろう！

過去問を解くにあたって，得点はそれほど重要ではありません。大切なのは，志望校の過去問演習を通して，苦手な教科，苦手な分野を知ることです。苦手な教科，分野が分かったら，教科書や参考書に戻って重点的に学習する時間をつくりましょう。今の自分の実力を知れば，入試本番までの勉強の道すじが見えてきます。

✿ 試験に慣れよう！

入試では時間配分も重要です。本番で時間が足りなくなってあわてないように，リアル過去問で実戦演習をして，時間配分や出題パターンに慣れておきましょう。教科ごとに気持ちを切り替える練習もしておきましょう。

✿ 心を整えよう！

入試は誰でも緊張するものです。入試前日になったら，演習をやり尽くしたリアル過去問の表紙を眺めてみましょう。問題の内容を見る必要はもうありません。どんな形式だったかな？受験番号や氏名はどこに書くのかな？…ほんの少し見ておくだけでも，志望校の入試に向けて心の準備が整うことでしょう。

そして入試本番では，見慣れた問題紙面が緊張した心を落ち着かせてくれるはずです。

※まれに入試形式を変更する学校もありますが，条件はほかの受験生も同じです。心を整えてあせらずに問題に取りかかりましょう。

《解答例》

① 問題1．16　　問題2．ア．題字を大きくした　イ．日時などの情報をかじょう書きにした　　問題3．④
問題4．内側は流れがゆるやかで，運ぱんされてきたすなや土などがたい積する　　問題5．ア．川をわたること
になる　イ．②　ウ．土砂災害警戒区域の近くや浸水する可能性がある避難経路を通らない

② 問題1．あいまいな質問は答えにくいので，具体的に答えられる質問にする
問題2．北さんが作られた学習ソフトの名前を，もう一度教えてください
問題3．意義への関心の高さにとても感心した　　問題4．3
問題5．右図　　問題6．1→3→6／3→2→1

③ 問題1．太陽の光を取りこむ　　問題2．停電しても走行できるようにする
問題3．ア．反しゃ鏡の向きを変える　イ．対物レンズを高い倍率のものにかえる
問題4．風によって運ばれる

④ 問題1．資げんが少ない　　問題2．34717
問題3．赤と青がとなり合わないようにすることで，となりの色どうしが混ざらず色つけできるから。
問題4．真ん中を白にすると，左上から順に赤，白，青か，青，白，赤の2種類の
縞模様しかできないので，三人のうち二人は必ず同じ縞模様になってしまうから。
問題5．三角形は，底辺の長さと高さが等しければ，面積も等しくなる。図のよう
に直線をひくと，底辺の長さと高さの等しい三角形①，②，③の面積は等しくなる。
同じように，三角形④，⑤，⑥の面積も等しくなるので，三角形①と④，②と⑤，
③と⑥を合わせた面積は等しくなる。だから，色分けした部分のそれぞれの面積が
同じになる。／図案…右図

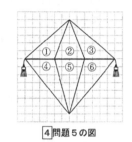

後

2 問題5の図

前

4 問題5の図

《解　説》

① **問題1**　（平均）×（回数）＝（合計人数）だから，第1回から第5回までの合計人数は，20×5＝100（人）である。
第1回の人数を①人とすると，第2回は①＋3（人），第3回は（①＋3）＋3＝①＋6（人），第4回は（①＋6）＋5＝
①＋11（人），第5回は①人である。第1回から第5回までの合計人数は，①＋（①＋3）＋（①＋6）＋（①＋11）＋①＝
⑤＋20（人）と表せるから，⑤人が100−20＝80（人）にあたる。よって，①＝80÷5＝16（人）だから，求める人数は
16人である。

問題2　直前でたつやさんが「目立つし，情報がわかりやすくなったね」と言っていることをふまえて，「下書き
1」と「下書き2」のちがいを見つけよう。まず，「第6回地域安全学習会のお知らせ」という<u>題字が大きくなっ
ている</u>。さらに，「日時は〜申しこんでください」という文章が，「●日時：〜」「●場所：〜」といった<u>かじょう
書きになっている</u>。

問題3　川の外側と内側では，外側の方が流れが速く，内側の方が流れがゆるやかである。また，水の流れが速い
ほど，流れる水が地面をけずるはたらきが大きく，川底が深くなる。なお，流れる水が地面をけずるはたらきをしん
食という。

問題5　ア．川は，急な増水が考えられるので，大雨時に川を渡っての避難は危険である。　　　ウ．避難所①と避難所④に行くためには橋を渡らなければならない。避難所①と避難所③に行くためには，浸水する可能性がある地域を通過しなければならない。避難所②は，小高い丘の中腹にあり，傾斜も緩やかで危険性が最も少ない。

2　問題1　「仕事はどのような感じですか」という質問がなぜ答えにくいのか考えよう。「どのような感じ」かとざっくり聞かれても，相手は何を答えるべきか迷ってしまうだろう。つまり，<u>あいまいな質問なので答えにくい</u>ということ。あいまいではない質問，つまり，<u>具体的に答えられる質問</u>にするとよい。このことを理解したみさきさんは，直後で「仕事をされてきた中で，一番うれしかったことは何ですか」という質問に変えている。

問題2　「つばささんのメモ」の中に，「学習ソフト」の名前を「あとできく」とある。このことについて，「聞きのがしたことがあるので」と言って質問したのだと考えられる。質問された北さんが，『すいすい漢字マスター』～タブレットにも，入っていると思いますよ」と答えていることからも判断できる。「あとできく」「聞きのがした」とあるから，「<u>もう一度教えてください</u>」とお願いしよう。また，<u>敬語</u>を適切に使って表現しよう。

問題3　同音異義語は前後の内容から判断しよう。ここでの「いぎ」は，意味・価値という意味の「意義」。「異議」（反対・不服であるという意見）ではないので注意しよう。「<u>かんしん</u>の高さ」は，「関心」（特に心を引かれ，気にかけること。興味）。「<u>かんしん</u>した」は，「感心」（心に深く感じること。心を動かされること）。

問題4　みさきさんは回数が一番少ないパターンなので，同じ方向に3回続けて移動したことになる。よって，ボタンをおした回数も3回である。

問題5　右の図Ⅰのように左と右を決める。最初のさいころの目の位置は，図Ⅱのようになっている。ひろきさんがボタンをおして表示された数と，それぞれでさいころが移動した方向は，

4（後）→3（移動しない）→5（左）→1（後），となる。

よって，ひろきさんのさいころは図Ⅰの○の位置にある。

問題6　問題5をふまえる。最初に5が表示されたので，図Ⅲの△の位置にさいころが進み，さいころの目の向きは図Ⅳのようになっている。この後4回の移動で★に進むルートは①～③の3通りが考えられる。

①となるのは，5の後に1→3→6→4と表示されたときである。

②となるのは，5の後に3→1→2→6と表示されたときである。

③となるのは，5の後に3→2→1→4と表示されたときである。

①，③は最後が4だが，②は最後が4ではないので条件に合わない。

よって，表示された数は①，③のときの2つである。

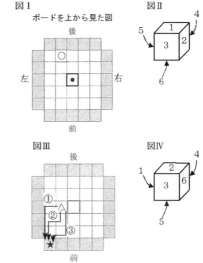

図Ⅰ　ボードを上から見た図

図Ⅱ

図Ⅲ

図Ⅳ

3　問題2　災害などにより変電所から電気が送られなくなったときに，新幹線が安全な場所まで走行できるように電池がのせてある。

問題3　けんび鏡は直射日光のあたらない平らな場所で使う。最初は対物レンズを最も低い倍率のものにして，接眼レンズをのぞきながら反射鏡を動かし，明るく見えるようにする。次に，プレパラートをステージにのせたら，調節ねじを回して対物レンズとプレパラートをできるだけ近づける。その後，接眼レンズをのぞきながら，調節ねじをまわして対物レンズとプレパラート少しずつはなしていき，観察したいもののピントを合わせる。さらに高い倍率で観察するときは，観察したいものを真ん中に見えるように動かしてから，対物レンズを高い倍率のものにか

える。

　　問題4　　カボチャの花粉は，ハチなどのこん虫によって運ばれる。

④　問題1　　天然ガス（ＬＮＧ）は，約 98%を輸入に依存している。石油は，約 99.7%を輸入に依存している。天然ガ
　　スは，オーストラリア，マレーシア，カタールなどからの輸入量が多い。石油は，サウジアラビア，アラブ首長国
　　連邦，クウェートなどからの輸入量が多い。中東諸国からの石油輸入量は全輸入量の約 90%におよぶため，リスク
　　を分散し安定供給を確保するためにも，特定の国や地域からの輸入に偏らないことが重要である。

　　問題2　　日本全国の海岸線の長さの$\frac{12}{100}$倍が約 4166 km だから，日本全国の海岸線の長さは，$4166 \div \frac{12}{100} = 34716.6 \cdots$
　　より，約 34717 km である。

　　問題3　　自分が実際に色つけの作業をするときのことを想像しながら考えるとよい。

　　問題4　　解答例のように，具体的に色の配置を書き出してみるとよい。

　　問題5　　この問題のように，高さが等しい三角形を比べて，底辺の長さが等しければ面積も等しく，底辺の長さ
　　の比は面積の比と等しくなることを利用するのは，図形の問題でもよく使う考え方である。

《解答例》

　私は、感謝の気持ちを伝えるサンクスカードを各学級内でおくり合うことを提案します。カードには、感謝の気持ちだけでなく、相手の良いところを見つけてほめる内容を書きます。記入用のカードを先生に作っていただき、学級内で配って全員が書くようにします。提案する理由は、ありがとうと言われたりほめられたりするとうれしくて、だれもが笑顔になれると思ったからです。

　サンクスカードをおくり合うことの長所は、学級の中に、友だちの良いところを見つけようとする良いふん囲気が生まれることです。授業中だけでなく、休み時間、給食の時間、委員や当番の仕事をしている時、そうじの時間、登下校中など、学校生活の中には、おたがいに助け合ったり高め合ったりする場面がたくさんあります。サンクスカードに書くために友だちのことをよく見ると、良いところに気付くチャンスが増えます。その結果、おたがいに信らい関係が深まると思います。また、自分の良さを認めてくれる人がいると思うと、学級や学校の中で安心して過ごせると思います。

　困難な点は、必ず全員がもらえるくふうが必要なことと、サンクスカードを書くことをとても負担に感じる人がいるかもしれないことです。どのくらいの期間で何回行うのか、カードを書いたらどのようにわたすのか、学級内にけい示するのかなどを、よく話し合って決めておく必要があります。

《解答例》

1　問題1．音を表している　　問題2．いらっしゃる〔別解〕おみえになる／おいでになる　　問題3．12
　　問題4．日本付近の天気は西から東に変化し，いま西の空が晴れている

2　問題1．(アの例文)新聞紙は古紙回収に出しましょう　(イの例文)新聞用紙や印刷用紙などに作りかえることがで
　きます　　問題2．ウ．100　エ．1　　問題3．2個のかん電池をへい列につないだ

3　問題1．3.1　　問題2．室内のあたたかさをにがさないようにする
　　問題3．折った部分が開いてしまうから。　　問題4．右図

4　問題1．介護職員の必要数と介護職員の数の差が広がっていく〔別解〕2023年度に
　介護職員の数が不足していて，介護職員の必要数の方が介護職員の数よりも増加数が大きい
　　問題2．6　　問題3．109　　問題4．ア．484　イ．196

《解　説》

1　問題1　「同じひびきがくり返される言葉」のうち，Aのように，物音や動物の鳴き声などの実際の音を言葉で表
したものを「擬音語（ぎおんご）」という。また，Bのように，実際には音がしない，物事の状態や身ぶりなどを言葉で表した
ものを「擬態語（ぎたいご）」という。

　問題2　話す相手や，話題にしている人(この場合は「地域（ちいき）の人」)の動作には尊敬語を用いる。自分側の動作をい
う場合には謙譲語（けんじょうご）を用いる。

　問題3　153㎜の雨が降ったということは，153÷0.5＝306(回)かたむいてたおれたことになるので，1時間→60分
→3600秒より，約3600÷306＝11.7…→12秒に1回のペースでかたむいてたおれたことになる。

　問題4　日本の天気はへん西風の影響で西から東へ変化することが多い。夕焼けが見えるということは，いま西の
空に雲がなく，晴れているということだから，明日の天気は晴れになる可能性が高い。

2　問題1　リサイクルされるものには，新聞紙，雑誌などのほか，アルミ缶，スチール缶，ペットボトル，家庭電気
製品などがある。これらの製品は，資源として回収され，適切な処理をほどこした後，さまざまな製品につくりか
えられる。アには，「○○は～しましょう」の形式で書き，イには，その製品がどのようにリサイクルされるかを，
「～できます」の形式で書こう。

　問題2　電流の大きさと電磁石の強さの関係を調べたいので，コイルの巻き数は100回まきにする。直列につなぐ
電池の数を変えれば電流の大きさが変わるので，かん電池の数を1個にして2回目の実験を行う。

　問題3　2個のかん電池を直列につなぐと，かん電池が1個のときよりも回路を流れる電流が大きくなるが，2個
のかん電池をへい列につなぐと，回路を流れる電流の大きさはかん電池1個のときと変わらない。

3　問題1　地図1の1㎝は実際には250m，地図2の1㎝は実際には100mとあるので，これを利用する。
地図1の点線の実際の長さは5.8×250＝1450(m)，地図2の点線の実際の長さは16.5×100＝1650(m)となる。
よって求める道のりは1450＋1650＝3100(m)より，3.1kmとなる。

　問題2　げん関のドアが二重になっていることで，出入りするときに室内のあたたかい空気を外ににがさないよう
にし，外の冷たい空気が室内に入らないようにする。

問題4 右の図1の①の部分を切り取って拡大し，右に30°回転移動させたものが図2である。図案に書き込む切り取り線と，図2で切り取られている部分は一致するので，図2のように右下に三角形ができるように切り取り線を入れればよい。

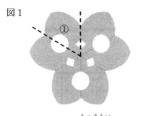

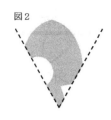

4 **問題1** 表から，2023年度と2040年度で比べたときに，介護職員の数が将来不足していく理由を，①の増加数と②の増加数の差から考える。

問題2 正方形の1辺の長さは78と96の公約数となる。一番大きな正方形にするためには，1辺の長さをできるだけ長くすればよいので，78と96の最大公約数にすればよい。最大公約数を求めるときは，右の筆算のように割り切れる数で次々に割っていき，割った数をすべてかけあわせればよい。よって，78と96の最大公約数は，2×3＝6である。

したがって，1辺の長さを6cmにすればよい。

問題3 立方体を縦に5列，横に5列組み合わせた段の立方体の個数は5×5＝25(個)であり，縦に3列，横に3列組み合わせた段の立方体の個数は3×3＝9(個)である。よって，求める立方体の個数は，25×4＋9＝109(個)

問題4 立方体を縦に5列，横に5列組み合わせて4段積んだ図形では，縦と横に使うひごの本数は等しく，右図のような床と平行な平面にそれぞれ5×6＝30(本)必要である。これを4段積むと，右図のような平面が4＋1＝5(つ)できる。よって，縦と横で必要なひごの本数の合計は，30×5×2＝300(本)となる。また，高さにあたるひごは，右図で直線と直線が交わるところに4段積むので，6×6×4＝144(本)必要になる。

5段目も同様に考えると，縦と横は合計で3×4×2＝24(本)，高さは4×4＝16(本)必要となる。

したがって，求めるひごの本数は，300＋144＋24＋16＝484(本)である。

次に，ねんど玉の個数は直線と直線が交わるところの総数に等しい。4段目までは6×6×5＝180(個)であり，5段目は4×4＝16(個)だから，求める個数は，180＋16＝196(個)

《解答例》

(例文)

　グラフ1から、マスクを着けることで話し方や態度などが変わると思う人が六割以上いることが読み取れる。また、グラフ2から、その中で、声の大きさや発音に気を付けるようになると答えた人が半数以上いることが読み取れる。

　グラフ1・2のような結果になったのは、マスクで口がかくれるため、声が聞き取りづらいだろうと考え、声の大きさや発音に気を付けている人が多くいるからなのだろう。マスクで人の表情が見えにくくなり、不安を感じることもあったが、気をつかってくれている人が多いことがわかり、少し安心できた。

　また、この結果を見て、以前、保育園に母と弟をおむかえに行った時のことを思い出した。保育士さんは、弟と話すときにはしゃがんでいた。それは、背の低い弟と目線をあわせて表情を見やすくし、声を聞き取りやすくするためだったのだと思う。また、背が高いことで弟をこわがらせてしまうことがないように、気をつかっていたのかもしれない。

　この経験とグラフの結果から、相手とうまくコミュニケーションをとるためには、相手の立場に立って、相手に自分がどのように見えているか、どのように声が聞こえているのかを想像することが必要なのだと考えた。私もだれかと話すとき、相手が聞き取りやすいかどうか、自分の気持ちが伝わっているかどうか、気を付けるようにしたい。

《解答例》

1 問題1．ふっとうした湯でゆでる／ゆでた後，水につけて冷ます　　問題2．ア．卵　イ．いためる〔別解〕スクランブルエッグにする　　問題3．でんぷんがだ液と混ざる　　問題4．ウ．土の中の水を取り入れるために，地面の下にある　エ．②

2 問題1．7.2　　問題2．きずの悪化を防ぐ　　問題3．トイレの数が少ないので，たくさんの人が並んでいたのを見ました　　問題4．外国語も書く

3 問題1．地球温だん化を防ぐことになるから。　　問題2．ア．②　イ．ろうそくが燃えるには，16.0％より多くの酸素の体積の割合が必要だから　　問題3．必要な量だけを買うことができる　　問題4．ウ．賞味期限が近い　エ．賞味期限が過ぎて，すてられてしまうものが減る　（ウとエの下線部は消費でもよい）

4 問題1．上下／左右／前後 などから2つ　　問題2．つばささんとあすかさんがつんだ茶葉はどちらが多いか　　問題3．ア．4　イ．しばらく　　問題4．2＋3＋7，2＋4＋6，3＋4＋5　　問題5．ウ．1，2，5　エ．1，3，4　オ．1，3，6　カ．1，4，7　（ウ～カは順不同）

《解　説》

1 **問題1**　こまつなのようなあざやかな緑色の野菜にふくまれる色素が，長時間熱が加わることによって別のものに変化することで，色が悪くなる。よって，長時間熱が加わらないようにするため，あらかじめふっとうした湯で短時間ゆで，湯からあげた後は，余熱で色素が変化しないように，水につけて冷ますとよい。解答例の他に，たっぷりの湯でゆでること（湯の量が少ないと野菜を入れたときに湯の温度が下がり，加熱時間が長くなる），塩を加えること（塩にふくまれる成分が色素の変化を防ぐ）などが考えられる。

問題2　細かくしたり，うすく広げたり，切り目を入れたりして，熱を受け取る表面積を大きくすることで，加熱時間を短くできる。

問題3　ごはんにふくまれるでんぷんがだ液によって分解されると，麦芽糖などのあまく感じるものに変わる。

2 **問題1**　野外だからこう配は$\frac{1}{15}$以下である。高さが48cmだから，長さは，$48 \div \frac{1}{15} = 720$（cm），つまり，7.2mである。

問題2　傷口の砂や土をそのままにしておくと，細菌に感染して悪化するおそれがある。

問題3　「トイレの数が少ない」ことが原因で「人が並んでいた」というつながりだから，「たくさんの」がかかるのは，「トイレ」ではなく「人」。また，――線の前に「昨日」とあるので，それに応じて，述語は「見ました」と過去の形にする。

問題4　外国語も書くことで，日本語のわからない外国人でも安全に避難できるので，外国人旅行者などを災害から守ることができる。

3 **問題1**　二酸化炭素には，地球から出ていこうとする熱の一部を吸収し，再び地球に向けて熱を放出するはたらきがある。これを温室効果という。二酸化炭素の増加が，地球温だん化の原因の1つと考えられている。

問題2　ろうそくが燃えるかどうかは，ものを燃やすはたらきのある酸素の割合が関係していて，二酸化炭素の割合が増えると火が消えるということではないことに注意しよう。グラフと会話から，酸素の割合が16.0％になったときに火が消えたとわかるので，酸素の割合が16.0％より大きければろうそくは燃えると考えられる。

問題3 食品ロスとは，まだ食べられるのに廃棄される食品や，廃棄することである。食品を無駄にせず使い切るため，ばら売りや量り売りを活用することなどがすすめられている。

問題4 消費期限は期限を過ぎたら食べない方がよいが，賞味期限は期限を過ぎてもしばらくは食べられる。食品ロスを減らすため，冷蔵庫の中身を確認してから買い物に行き，必要な分だけの食品を期限の近いものから食べていくよう心がけよう。

4 **問題1** 正しい筆順で書かないと「画数」を正しく数えられない。日ごろから，正しい筆順で漢字を書くように心がけよう。

問題2 5人の情報をまとめると，つばささんがつんだ茶葉は，ちぐささんより多く，あすかさんがつんだ茶葉は，ちぐささん・まさとさん・けいじさんより多い。よって，つばささんとあすかさんがつんだ茶葉の大小関係がわかればよい。

問題3ア ［ ア ］に続けて「『まず』や『それから』などの順序を表す言葉を使ってまとめてみたよ」と言っているのを参照。1段落目の「まず」，3段落目の「次に」，4段落目の「それから」，5段落目の「最後に」に続く，4つの「手順」があることが読み取れる。2段落目の「また」と6段落目の「なお」に続く内容は「手順」ではないので，つなぎ言葉の数だけで判断しないように気を付けよう。　　イ ［ イ ］に続けて「具体的にどれくらいの時間なのかよくわからないよ」と言っているのを参照。時間が具体的に説明されていない部分をさがすと，4段落目に「しばらく待つ」とある。1段落目で「1分から1分30秒」と具体的に指定していたのとは異なり，おおまかに述べている。

問題4 ○，△，☆の数が小さい順になるよう気を付ける。○に入る数が2のときは，△＋☆＝10で，△に入る数は2より大きいので，（△，☆）＝（3，7）（4，6）となる。○に入る数が3のときは，△＋☆＝9で，△に入る数は3より大きいので，（△，☆）＝（4，5）となる。○に入る数が4より大きいとき，あてはまる△と☆に入る数はないので，求める式は，2＋3＋7＝12，2＋4＋6＝12，3＋4＋5＝12の3つである。

問題5 クイズ②の答えの式を並べると，㋐1＋2＋9，㋑1＋3＋8，㋒1＋4＋7，㋓1＋5＋6，㋔2＋3＋7，㋕2＋4＋6，㋖3＋4＋5となる。数字を取り除くことで，作れなくなる式を除いてみる。残った式のうち，さらにどの数字を取り除けば残りの式も作れなくなるかを考え，取り除く数字を順に大きくしていくように，組み合わせを考える。

1を取り除くと，㋐～㋓の式が作れなくなる。㋔～㋖のうち，2つの式で使われている数字は，2と3と4である。

1と2を取り除くと，㋖の式のみ作ることができるから，あとは3か4か5を取り除けばよい。

1と3を取り除くと，㋕の式のみ作ることができるから，あとは4か6を取り除けばよい。

1と4を取り除くと，㋔の式のみ作ることができるから，あとは7を取り除けばよい。

また，1以外の3つの数を取り除いた場合，㋐～㋖の式がすべて作れなくなることはない。

よって，取り除く3つの数は，1と2と3，1と2と4，ウ1と2と5，エ1と3と4，オ1と3と6，カ1と4と7の6つである。

《解答例》

（例文）

　ボランティア活動と聞くと、具体的に何をすればいいのかわからない人や、難しく考えてしまう人が多いのではないだろうか。グラフ1で「ボランティア活動に興味がある」と答えた人の割合が50％に満たないのは、その表れだと思う。

　災害が起きると、ひ災地であせ水流して片付けをしているボランティアの人々がテレビに映し出される。私は、それを見るたびに、自分の時間を費やして人助けのために活動するなんて、とてもまねできないと感じていた。しかし、児童会活動で、地域の清そうをしたり、町の花だんで花を育てたりしていることも立派なボランティア活動なのだと母に教えられた。それ以来、ボランティア活動が身近なものに感じられるようになった。これらの活動を通して、やりがいを感じることができただけでなく、人と協力することの大切さや難しさを学ぶこともできて、自分の成長につながっていると思う。

　グラフ2を見ると、「困っている人の手助けをしたい」の次に「地域や社会をよりよくしたい」という回答が多い。ボランティア活動に興味があっても、まだ参加したことがない人は、地域の清そうやイベントの手伝いなど、身近なことから始めて、少しずつ大きな課題に取り組んでいけばよいと思う。それが自分の成長につながり、世の中をよりよくする第一歩になると考える。

《解答例》

1 問題1．安全ではない／食べないほうがよい　　問題2．ア．空気中の水蒸気が冷やされると水になる　イ．寒い日に教室の窓ガラスの内側に水てきがつく　　問題3．急がば回れ　　問題4．(例)算数の授業で，暗算が得意な先生が計算を間ちがえた　　問題5．オ．体を動かしやすい　カ．清潔さを保つ

2 問題1．ア．海流　イ．風（アとイは順不同）　　問題2．ウ．③　エ．①　オ．②　　問題3．飲料用ボトルのごみを減らすために水とうを使う　　問題4．橋の下を流れる水の量が減る　　問題5．早めにひ難の準備をする

3 問題1．450　求め方…時速を秒速に変えると，45÷3600＝0.0125　橋の半分の長さは，0.0125×18＝0.225　橋全体の長さは，0.225×2＝0.45　　0.45km＝450m　　問題2．金属は温度が上がるとのびる　　問題3．料理の技能が一段とすぐれる　　問題4．(例)イ．⑥　ウ．腹が立つ

4 問題1．Bセットの値段を2倍したものから，Aセットの値段を引けば，ミカン13個分の値段が求められる　　問題2．ア．かなを漢字よりも小さくする　イ．文字の中心をそろえる　（アとイは順不同）　　問題3．表の日数を7でわったあまりを，2020年11月から2021年7月までたすと，2＋3＋3＋0＋3＋2＋3＋2＋3＝21となり，21は7でわりきれる　　問題4．ア．364　考え方…364＝7×52より，364は7でわりきれるから，364×24も7でわりきれる。だから，24年間の日数を7でわったあまりは，1×18＋2×6を7でわれば求めることができる。問題5．イ．2　ウ．月

《解　説》

1 **問題1**　期限の表示には，食品を安全に食べられる期限の「消費期限」と，食品をおいしく食べられる期限の「賞味期限」がある。消費期限を過ぎた食品を食べると，食中毒などにつながることがあるので，食べないほうがよい。

問題2　ア．空気中にふくむことができる水蒸気の最大量をほうわ水蒸気量という。気温が高いほどほうわ水蒸気量は大きくなる。冷たいもののまわりでは，空気が冷やされてほうわ水蒸気量が小さくなるので，ふくみきれなくなった水蒸気が水てきになって出てくる。　イ．寒い日には，教室の中の空気よりも教室の外の空気の方が冷たいので，教室の中の窓付近の空気が冷やされて，窓の内側に水てきがつく。

問題3　みさとさんが直前で言った「近道を通って行こうとしたら，道に迷って，いつも以上に時間がかかってしまったよ。最初から知っている道を行けばよかったな」にあたる意味をもつことわざが　ウ　に入る。「急がば回れ」は，急いでいる時には，危険な近道より，遠くても安全な道を通るほうが，結局は早く着くのだという教え。

問題4　「さるも木から落ちる」は，その道にすぐれている者でも時には失敗することがあるという意味。同じような意味のことわざに，「弘法にも筆の誤り」「河童の川流れ」がある。

2 **問題1**　夏の南東季節風が太平洋側に，冬の北西季節風が日本海側に吹くため，海流に乗ってごみが漂着する(右図参照)。

問題2　Aは対馬海流で中国と韓国からのごみが運ばれるから，③である。BとCは日本海流で中国からのごみが運ばれるが，内海のCよりも外海のBの方が中国からのごみが届きやすいと判断して，Bを①，Cを②とする。

問題3　海岸で回収されたプラスチックごみのうち，およそ4割が飲料用ボトルであることに着目する。それらの使い捨てごみを減らすた

めに，再利用できる水とうを持ち歩くことを導こう。また，解答例のほか「コンビニ弁当などの容器類のごみを減らすためにお弁当を持っていく」などもよい。

問題5 災害に関する正確な情報が出されることで，住民はひ難の計画を立てることができる。市町村から出されるひ難情報には，「避難準備・高齢者等避難開始情報」や，「避難勧告」「避難指示（緊急）」などがある。

3 **問題1** 1時間＝60分＝(60×60)秒＝3600秒より，1秒で45÷3600＝0.0125(km)進むから，時速45km＝秒速0.0125kmとなる。18秒で橋の半分を進むことができるので，橋の半分の長さは，0.0125×18＝0.225(km)，橋の長さは，0.225×2＝0.45(km)，つまり，(0.45×1000)m＝450mである。

問題2 金属はあたためられると体積が大きくなる。夏の暑い日には気温が上がり，金属の体積が大きくなりやすいので，橋のつなぎ目には必ずすき間がある。鉄道のレールとレールのつなぎ目にすき間があるのも同じ理由である。また，送電線がたるんでいるのは，冬に気温が下がって送電線の体積が小さくなっても，切れないようにするためである。

問題3 「うでが立つ」は，うでまえ・技術がすぐれていること。「うで【腕】」の⑤番「仕事をする能力。技能。力量。」と，「た・つ【立つ】」の⑤番「一段とすぐれる。よくできる。」を用いてまとめよう。

問題4 『料理のうでが立つ』は⑤番，『茶柱が立つ』は①番の意味を使っている。よって，②，③，④，⑥，⑦，⑧の意味から選んで書こう。②ならば「砂ぼこりが立つ」，③ならば「席を立つ」，④ならば「うわさが立つ」，⑥ならば「腹が立つ」，⑦ならば「見通しが立つ」，⑧ならば「役に立つ」など。

4 **問題1** 1140円はBセットの値段，1370円はAセットの値段である。Bセットの値段を2倍すると，㋐ミカン8×2＝16(個)分とナシ2×2＝4(個)分の値段の合計がわかる。㋐とAセットを比べると，ナシの個数が同じだから，㋐からAセットの値段を引くことで，ミカン16－3＝13(個)分の値段がわかる。

問題2 文字の大きさや配列に着目しよう。文字のバランスを考え，かなは漢字よりも小さく書くとよいと言われる。また，書き出しの位置を決め，行の中心に文字の中心をそろえるように書くと読みやすい。これらを意識して清書したのだと考えられる。

問題3 7で割った余りの数だけ，日曜から次の曜日に移動するから，1月から7月までの7で割った余りの数をすべて足し，それがまた7で割れる数となれば，8月1日は日曜日であることがわかる。

問題4 365より小さい数のうち，最大の7の倍数を考えると，365÷7＝52余り1より，7×52＝364が見つかる。よって，364×□は7の倍数になるから，365×18＋366×6を364×□を使った式で表すことを考える。365＝364＋1，366＝364＋2だから，365×18＋366×6＝(364＋1)×18＋(364＋2)×6＝364×18＋1×18＋364×6＋2×6＝364×(18＋6)＋1×18＋2×6＝364×24＋1×18＋2×6となる。364×24は7の倍数だから，1×18＋2×6を7で割ったときの余りを考えればよい。

問題5 問題4をふまえる。(1×18＋2×6)÷7＝4余り2より，24年間の日数を7で割った余りは㋑2である。よって，田中先生が生まれた日のちょうど24年後は，生まれた曜日の2日後であり，それが水曜日となるから，田中先生の生まれた曜日は，水曜日の2日前の㋒月曜日である。

《解答例》

（例文）

　私は読書が好きで、小説をよく読みます。小説を読んでいると、さまざまな登場人物の感じ方や考え方にふれることができ、自分では感じたことのない気持ちを味わうことができます。また、自分では経験できないことを登場人物といっしょにしているような気分になったり、自分が知らない世界に連れて行ってもらったような気分になったりします。そのように、人の気持ちがわかるようになったことと、自分の視野が広くなったことが、私が読書から得たことです。これらは、グラフの結果にある「感性が豊かになること」と「想像力や空想力を養うこと」に当たると考えます。

　以前、友だちと同じ本を読んで、おたがいに感想を話しました。これは、グラフの結果の「他の人と話題の共有ができること」に当たると思います。同じ話題で盛り上がることができるのは、とても楽しいことです。その時に友だちが、ある表現が気に入ったと、一つの文を暗記していました。しかし私は、それが本のどこで出てきた文なのか覚えていませんでした。家に帰って本を読み直してみると、物語の流れのポイントになっていた文だと気が付きました。この経験から、私は話の展開ばかりが気になって、表現自体を味わっていないのだとわかりました。これからは、グラフの結果の「豊かな言葉や表現を学べること」も意識して、読書を楽しみたいと思います。

《解答例》

1 問題1．A．赤　B．緑　　問題2．ア．植林して51年以上の人工林の面積が増えている　イ．輸入木材の使用量の方が国産木材よりも多く，国産木材の使用量が少なくなっている　　問題3．森林のはたらき
問題4．木の，土の中にしっかり根を張っている

2 問題1．ア．46　イ．27　　問題2．質問1．回答のしかた…「好き」だけではなく，「とても好き」や「あまり好きではない」などを入れる。　理由…どのくらい好きかを知りたいから。　質問3．回答のしかた…自由記述にする。　理由…いろいろな理由を聞きたいから。　　問題3．部首／きへん　総画数／10画　　問題4．電流が流れているときは磁石の性質をもつようになり，電流が流れていないときは磁石の性質をもたなくなる

3 問題1．大型の機械を使う／どの田にも水を入れやすくする　　問題2．病害虫に強い種類の米をつくる
問題3．手で直接おにぎりをさわらないので，病原体がつきにくいから。　　問題4．包丁を使う係とガスこんろを使う係に分かれている　　問題5．緑色があざやかになる

4 問題1．くきの中の管を通り，葉の表面から水蒸気となって出ていく　　問題2．順番…い→あ→う　理由…日本付近では，このころ雲はおよそ西から東に動いていくから。　　問題3．ア．63　イ．6　ウ．7　エ．19
オ．7　　問題4．右図　カ…図のように長方形⑤を動かすと，⑧と⑤を合わせた長方形のたてが13＋8＝21で21cm，横が10cmなので，面積は21×10＝210で210cm²となり，◎の面積は3×8＝24で24cm²となる
問題5．6

《解　説》

1 **問題1**　県の面積にしめる森林面積の割合は，森林面積÷県の面積×100 で求める。よって，資料1より，県の面積にしめる森林面積の割合は，Aの鳥取県が 26÷35×100＝74.28…(%)，Bの香川県が9÷19×100＝47.36…(%)となるから，Aは赤，Bは緑の色分けである。

問題2ア　資料3を見ると，植林して51年以上の人工林の面積は，1996年には約50万ha だったのが，2017年には約500万ha となっており，10倍ほど増えていることが読み取れる。　　イ　資料4を見ると，全ての年で輸入木材の使用量が国産木材の使用量を上回っていることが読み取れる。さらに，国産木材の使用量(百万m²)が，約50(1970年)→約38(1980年)→約30(1990年)→約20(2000年)→約20(2010年)と，減少傾向であることも読み取れる。

問題3　解答例のほか，「森林のやくわり」なども良い。また，水資源をたくわえる森林のはたらきが人工のダムに似ていることから，森林は天然のダム(緑のダム)と呼ばれていることも覚えておこう。

問題4　木の根が土の中で伸びて絡み合い，土や岩をしっかりつかんでいるため，表面の土の層がすべる「地すべり」や，山の急な斜面がくずれ落ちる「がけくずれ」などが起こりにくくなっている。

2 **問題1**　全校で貸し出された本の冊数の合計は，96＋97＋99＋103＋115＋90＝600(冊)である。文学は全体の65.5%なので，全部で $600×\frac{65.5}{100}＝393$(冊)貸し出されている。よって，6年生に貸し出された文学の本の冊数は，393－(64＋65＋76＋69＋73)＝ァ46(冊)である。また，6年生に貸し出された本の冊数の合計が90冊だから，6年生に貸し出された文化・芸術の本の冊数は，90－(46＋6＋6＋4＋1)＝ィ27(冊)である。

問題2.質問1　「アンケートをつくる前に」「みんながどのくらい読書が好きかを知りたいね」とたかしさんが言っている。「どのくらい～好きかを」知るためには，回答の選たくしを「好き」「きらい」だけでなく，もっと増や

す必要がある。　　質問３　「アンケートをつくる前に」「人によって、いろいろな理由があるだろうからね」とたかしさんが言っている。いろいろな理由を聞き出すためには、回答のしかたを選たくしにするより自由記述にする方が適している。

問題３　漢字辞典のさくいんには「音訓さくいん」「部首さくいん」「総画さくいん」がある。読みのわかる文字は「音訓さくいん」で、部首が明確な文字は「部首さくいん」で、読みも部首も不明な文字は「総画さくいん」で引くようにするとよい。

問題４　電磁石は、電流を流しているときだけ磁石になる。また、電流の向きを逆にすると極を入れかえることができ、電流の強さを変えると磁石の強さを変えることができる。

③ 問題１　図を見ると、農道の幅が広くまっすぐに整備されたことや、水田が集積されてきれいに区画されたことが読み取れる。これらの区画整備により、トラクターやコンバイン、農作物運ぱん用のトラックなどが速く安全に通行できるようになる。さらに、図の水路に着目すると、まっすぐに整備されたことのほか、水田に水を届ける用水路と余分な水を吐き出すはい水路が整備され、農業用水を効率的に利用できるようになったことも読み取れる。以上のような、水田や農道、用水路などの整備を一体的に行い、区画形状を整理して生産性を高める取り組みを「ほ場整備」という。

問題２　品種改良によって病害虫に強い種類の米をつくれば、農薬が少ない量ですむといった長所がある。農家は、米の消費量を増やすために、農薬や化学肥料を使わない(有機栽培)米やメニューに合わせた米の開発をしたり、地域ごとに協力してブランド米(生産地の名前を入れてブランド価値を付け、消費者の要望に合わせて品種改良を重ねた米)を開発したりするなどの取り組みを行っている。

問題３　おにぎりをラップフィルムでくるんでつくることに対して「衛生的で安心だ」と言っている。手で直接おにぎりをさわらないことに着目した内容を考えればよい。

問題４　　ア　の後に、「安全に調理ができていい」とあるので、　ア　には安全面に着目した内容が入ればよい。

問題５　青菜の緑色の成分には、熱を加え続けると変色するという性質がある。このため、青菜をゆでる時間を短くし、ゆでた青菜をすぐに水にとって温度を下げることで、変色を防ぐことができる。

④ 問題１　根から吸い上げられた水が、葉の表面から水蒸気となって出ていくことを蒸散という。蒸散が起こることで、根からの水の吸い上げがさかんになる。水(液体)が水蒸気(気体)に変化するとき、周りから熱をうばっていくことで、周りの温度を下げている。

問題２　日本付近の上空には、西から東に向かって強い風(偏西風)がふいている。上空の雲は、この風によって西から東に移動する。

問題３　九九の81個の答えのうち、一の位が３になるものを探す。２つの数の積の一の位の数が奇数になるのだから、(奇数)×(奇数)の九九から探すと、１×３＝３と７×９＝ₐ63が見つかる。①、②にあてはまる数が１けたの数であり、①と②の和が13だから、②にあてはまる数は₁6とわかる。したがって、①にあてはまる数は、13－6＝ᵤ7である。また、③には３があてはまる。ここまでをまとめると、右図のようになる。よって、積が133になる２つの数は、１けたのほうが①にあてはまる₀7であり、２けたのほうの一の位の数は７×９＝63より、９とわかるから、２けたのほうはₑ19である。

問題４　図６において、長方形㋐の横の長さと長方形㋒のたての長さが 10 ㎝で同じであることと、長方形㋐のたての長さと長方形㋒の横の長さの和が「13＋8＝21」で求められることから、解答例のような動かし方が考えられる。

問題５　①が 20 なので、考えられる２つの２けたの数は、一の位の数の和が 10 になる、11 と 19、12 と 18、13 と 17、14 と 16、15 と 15 のいずれかである。②に入る数が１なので、一の位の数の積の十の位の数が１となる。そのような２けたの数は、２×８＝16 となる 12 と 18 の組み合わせだけなので、③に入る数は₊6とわかる。

《解答例》

(例文)

　グラフからは、「地域や社会をよくするために何をすべきかを考えることがありますか」という問いに対して、「あてはまる」または「どちらかといえばあてはまる」と答えた人の割合が、年々増えてきたことが読み取れました。平成31年には、両者の合計が50％をこえています。そのような意識が高まることはよいことだと思います。

　私は、「放課後子ども教室」に参加しています。ここでは、体験・交流・スポーツ・学習など様々な活動が行われ、ＰＴＡの方々をはじめ、老人会・婦人会・民生委員の方々などのお世話になっています。そして、私たちの活動が、地域や社会の人たちに支えられていること、見守られていることを、学年が上がるにつれて理解できるようになりました。

　小学6年生になり、今度は私たちが地域や社会をよくするために何かをすべきではないかと考えるようになりました。お年寄りを学校に招いて交流会を行ったり、防災ポスターを作って地域のけい示板にはったり、駅や公園で花を育てたりと、児童会や学級会で具体的な計画を立てて実行してきました。今後は、さらに活動のはばを広げて、地域の人たちとのつながりを深めていきたいと思います。そうすることで地域が活性化して、人々が安心して生活できる社会になっていくと思います。

《解答例》

1 問題1．ア．講演　イ．意味を表す　　問題2．ウ．明　読み方…あか／あ／みょう／めい／あき

問題3．ろう下を走らない／ぬれたゆかをふく　　問題4．ア．思いやりの気持ち　イ．内容や種類ごとに分類し、整理している

2 問題1．さまざまな国の人と交流ができる　　問題2．1200万人増加している。　　問題3．28

問題4．日本語がわからない人のために、ひと目で意味が伝わるように図で表している。　　問題5．補助犬は目が不自由な人などを支えるために働いているので、声をかけたりさわったりしないで見守る

3 問題1．風がふいたときなどに、おばなから花粉が落ち、めばなの先について受粉しやすくなる

問題2．イ．炭水化物　ウ．体を動かすために必要なエネルギーとなってはたらく　　問題3．空気を取り入れられず、炭が燃焼し続けない　　問題4．右図

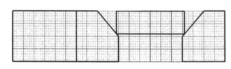

4 問題1．ア．⑥　イ．東　ウ．月は東側が明るく光っているから、太陽は月よりもさらに東にある

問題2．ア．2　イ．3　　問題3．240×2÷3を計算すると160になるので、160枚

問題4．ア．6　イ．52　ウ．6　エ．2

《解　説》

1 **問題1ア**　他に、「公演」（ 公 （おおやけ） の場で演劇や音楽などを演じること）、「好演」（じょうずな演奏や演技をすること）などがある。　　**イ**　漢字のように、一つ一つの字が意味を持っている文字を「表意文字」という。ひらがなやカタカナ、ローマ字のように、一つ一つの字には意味がなく、音のみを表す文字を「表音文字」という。

問題2　読みが五つ以上ある漢字は、他に、「行（「コウ」「ギョウ」「アン」「い（く）」「ゆ（く）」「おこな（う）」）、「上（「ジョウ」「ショウ」「うえ」「うわ」「かみ」「あ（げる/がる）」「のぼ（る/せる/す）」）、「下」（「カ」「ゲ」「した」「しも」「もと」「さ（げる/がる）」「くだ（る/す/さる）」「おろ（す/りる）」）などがある。

問題3　新聞には「5年生がろう下を走ってすべり」「バケツが置かれたままで、まわりのゆかがぬれていた」とあるので、これをふまえてまとめる。

問題4ア　それぞれのしょうかいカードについて、「ふたりはいつも」には、「おたがいに親友を喜ばせようと～がんばっている」、「どんなかんじかなあ」には、「友達の世界を知ろうとし」「相手の立場に立って考えることの大切さに気づかせてくれる」、「どうぞのいす」には、「いすの上の物をもらった動物たちが、次々とお礼の物を置いていき」「だれかにいいことをしたくなる」とある。これらの部分から、登場人物たちが相手のことを考えて行動していることがわかる。　　**イ**　表のような図書館の本の分類の仕方を「日本十進分類法」という。

2 **問題1**　資料1を見ると，海外から日本に来た人の数が年々増えていることがわかる。さらに，資料2と資料3を見ると，2013年と2016年は，アジア，北アメリカ，ヨーロッパなどのさまざまな国から多くの人が日本に来たことがわかる。以上のことから，海外から来たさまざまな国の人との国際交流ができるというよい面を導き出す。

問題2　資料1より，2016年に海外から日本に来た人は，2404万人とわかる。資料3より，2016年に海外から日本に来た人のうち，アジアから来た人は85%とわかるから，2016年にアジアから日本に来た人は，$2404×\frac{85}{100}=$2043.4(万人)である。よって，2013年と比べると，2043.4－812＝1231.4(万人)，つまり，およそ1200万人増えた。

問題3　表1からわかることを表2にまとめると右表の
ようになる(空らんには記号をおいた)。

ラーメンと寿司をどちらも食べた人は，ⓐである。

ⓓ＝76－35＝41(人)だから，ⓒ＝41－11＝30(人)となり，

ⓐ＝58－30＝28(人)である。

なお，ⓔ＝76－58＝18(人)，ⓑ＝18－11＝7(人)，ⓐ＝35－7＝28(人)と求めることもできる。

（人）

		ラーメン		合計
		食べた	食べていない	
寿司	食べた	ⓐ	ⓑ	35
	食べていない	ⓒ	11	ⓓ
	合計	58	ⓔ	76

問題4　マーク(ピクトグラム)に言葉が書かれていなくても，意味することがわかるようになっていることから考えよう。ピクトグラムは，その国の言語がわからない人でもひと目見て何を表現しているのかわかるため，年齢や国の違いを越えた情報手段として活用されている。パンフレットのマークは，左がレストラン，真ん中がバスやバスのりば，右がお手洗を意味するピクトグラムである。

問題5　補助犬が集中力を欠くと安全に歩けなくなってしまうため，周囲の人たちには見守る気配りが大切である。もしも困っている様子を見かけたら，手伝いの声かけを補助犬でなく，人に対してするようにしよう。解答例のほか，「補助犬は目が不自由な人などを支えるために働いているので，食べ物を見せたりあげたりしないで見守る」なども
よい。

③　問題1　トウモロコシは，おばなにあるおしべでつくられた花粉が，風に運ばれてめばなにあるめしべについて受
粉が行われる。このような花を風媒花という。おばながめばなよりも上にあると，風がふいて花粉が落ちたときにめしべにつきやすい。

問題2　ヨウ素液を使って調べた養分とはでんぷんのことである。ヨウ素液はでんぷんがあると青むらさき色に変化する。でんぷんは五大栄養素の中の炭水化物にふくまれる。五大栄養素には，体を動かすエネルギーになる炭水化物の他に，脂質(体を動かすエネルギーになる)，たんぱく質(体を動かすエネルギーになる，体をつくる成分になる)，ビタミン(体の調子を整える)，ミネラル(体の調子を整える，体をつくる成分になる)がある。

問題3　炭火アイロンは中に入れた炭の熱でアイロンを熱くしてしわをのばすものだから，炭が燃え続ける必要がある。ものが燃えるために必要な条件は，①燃えるものがあること，②発火点以上の温度になること，③新しい空気があることである。炭火アイロンは火のついた炭を入れて使い始めるのだから①，②の条件は満たしている。あとは，③の新しい空気が常にあれば炭は燃え続けることができる。そのために，炭火アイロンは，燃えたあとの軽くなった空気を上のえんとつから出し，下の穴から新しい空気をとりこむようなつくりになっている。

問題4　部品A，B，Cの形，大きさは，右図のようになる。

部品Cの横の長さは本だなの横の長さ32㎝から部品B2枚の板の厚さを引いた
長さだから，32－1×2＝30(㎝)である。

この4つの部品を横に並べると，横の長さが32＋20×2＋30＝102(㎝)となり，
長さ100㎝の板では足りない。したがって，部品Bの欠けている部分を利用して
部品Aを作ることを考えると，解答例のようになる。

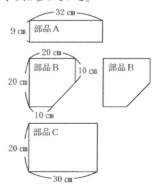

4 **問題1** ア．下図参照。北極側から見ると，月は反時計回りに地球のまわりを回っている。地球から見たとき，太陽に照らされている面がすべて見えない⑦の位置の月が新月，太陽に照らされている面がすべて見える③の位置の月が満月である。新月は次第に右側から満ちて満月になり，その後，次第に右側から欠けて新月に戻るという満ち欠けを約1か月の周期でくり返している。図2の月は，左側が細く光って見えるから，このときの月の位置は⑥である。

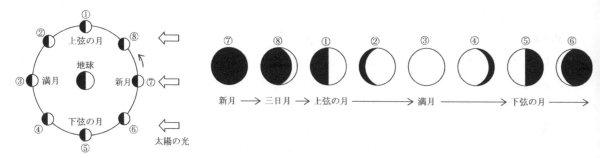

問題2　○：△＝(11－5)：(20－11)＝6：9＝2：3となる。

問題3　問題2より，240×2＝□×3が成り立ち，□＝240×2÷3＝160(枚)となる。

問題4　5％のくじと12％のくじについて，図をかくと右のように表せる。Ⓐ：Ⓑ＝(6－5)：(12－6)＝1：6だから，Ⓒ＝1×6÷1＝6(袋)である。

同じように5％のくじと14％のくじについて，図をかくと右のようになるから，Ⓓ：Ⓔ＝(6－5)：(14－6)＝1：8となり，Ⓕ＝1×8÷1＝8(袋)である。

12％と14％のくじを混ぜても6％にはならないから，X 5％を6袋と12％を1袋の7袋を1まとまり，Y 5％を8袋と14％を1袋の9袋を1まとまりとして考える。したがって，（7の倍数）＋（9の倍数）＝60となる組み合わせを探す。60÷9＝6余り6より，9の倍数は9×5＝45以下となる。45以下の9の倍数と60との差についてまとめると右表のようになり，60との差が7の倍数となるのは，9の倍数が18のときである。よって，Xが42÷7＝6(まとまり)，Yが18÷9＝2(まとまり)だから，5％は6×6＋8×2＝52(袋)，12％は6袋，14％は2袋とわかる。

9の倍数	60との差
9	51
18	42
27	33
36	24
45	15

《解答例》

(例文)

　　グラフから、「できるだけ言葉にして伝え合うこと」を重視する人が最も多いことが読み取れた。私もそれが一番大切だと思う。しかし同時に、「全部は言わなくても、心を通わせわかり合うこと」も、日本人の文化として大切にしていきたいと考えた。

　　かぜで学校を休んでいたＡさんが登校し、いっしょに当番の仕事をしようとした。私は、Ａさんはまだ体調が良くないだろうと思って、「やらなくていいよ。」と言った。私は気づかったつもりだったのだが、Ａさんはそうは思わず、傷ついたそうだ。相手にもわかるはずだと思って言葉を省くのは良くない。私は、「まだ体調が良くないだろうから、やらなくていいよ。早く帰って休んでね。」ときちんと言葉にするべきだった。そして何より、最初にＡさん自身の気持ちを聞くべきだった。

　　「菜の花や月は東に日は西に」という有名な俳句がある。少ない音数なのに、だれもがおだやかな春の夕暮れをイメージすることができる。そのような、言葉と言葉の間から生まれる美しい空気のようなものを、全部表現することができるだろうか。私は、多くの言葉を使って説明しようとすればするほど、美しさがうすれてしまう気がする。

　　できるだけ言葉にして伝え合うことは大切だが、全部を言わないからこそ伝わるものもあると思う。だから私は、相手との関係や伝える目的などによって、どちらが良いかを判断し、使い分けるのが良いと考える。

《解答例》

1　問題1．5・7・5の17音でできている／季節を表す言葉が入っている

　　問題2．右図

　　問題3．ア．大陸のえいきょうを受けていた　イ．日本風の服装が生まれた

　　問題4．ア．漢字の文字全体をくずしてつくられた　イ．漢字の文字の一部をとって

　　つくられた

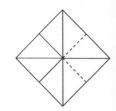

2　問題1．大きな力で陸上に押し上げられて、流れる水のはたらきで丸いれきになり、

　　たい積した地層がもう一度陸上に押し上げられた

　　問題2．以前近くの火山がふん火した

　　問題3．魚など、水辺の生き物がすむ場所をつくる

　　問題4．野菜や調理器具をしっかりあらう

　　問題5．ア．煮干しの頭とはらわたを取る　イ．にがみが出ないようにする

3　問題1．6つのチームが、それぞれ5試合ずつ試合を行うが、たとえばA対B、B対Aは同じ試合であることから、

　　求める式は「6×5÷2」となる。

　　問題2．時間はかかるけれど、勝っても負けてもすべてのチームが5試合できる

　　問題3．ア．易　イ．意　ウ．都

　　問題4．②と④の分母の和は7＋5＝12、分子の和は5＋4＝9で、これらを分母と分子とする分数$\frac{9}{12}$を約分する

　　と③の$\frac{3}{4}$になる

　　問題5．ア．$\frac{4}{7}$　イ．$\frac{8}{13}$

4　問題1．太陽は、東から出て南の高いところを通り、西にしずむため、その動きに面した屋根に取り付けられてい

　　るということ

　　問題2．イ．強さ　ウ．向き　　問題3．ア．風力　イ．地熱

　　問題4．2013年度は4824百万kWh、2015年度は6450百万kWhとなるので、太陽光発電(住宅)の買取電力量は増え

　　ている。

《解　説》

1 　**問題1**　俳句は「5・7・5」の17音が定型。また、季語を入れるのが原則。このルールに合うのが「俳句1」の作品。いっぽう「俳句2」のように、季語をふくまず、「5・7・5」の定型にとらわれずに自由な音律で表現する作品もある。「俳句2」の作者二人は、自由律俳句の代表的な俳人。

　問題2　図4から折り紙を順番に開くようすが、右図である。
点線は折り目なので、解答例のようになる。

　問題3　絵1では、髪をまとめてかざりをつけたり、靴をはいたりするなど、大陸のえいきょうを受けていることがわかる。絵2では、髪を下ろして、そでぐちやえりが何枚も重ねられていることから、日本風の服装が生まれたことがわかる。奈良時代には、仏教と中国の文化のえいきょうを受けた国際色豊かな天平文化がさかえたが、平安時代に遣唐使が停止された頃には、日本風の国風文化へうつり変わっていった。国風文化では、感情を表現しやすいかな文字がうまれたことで、紫式部の『源氏物語』や清少納言の『枕草子』など、宮廷に仕えた女性による文学作品が多く生まれた。

　問題4　漢字がどのようにくずされたのか、それぞれの資料の上段から中段への変化に着目すると、成り立ちがよくわかる。ひらがなは、漢字の草書体(=行書体をさらにくずして点や画を略し、曲線を多くした書体)からつくられた草仮名(=草書体の万葉仮名)の字体を、さらに簡略化したもの。かたかなの「かた」は不完全という意味。この名前のとおり、かたかなは漢字の一部を用いてつくられた文字。

2 　**問題1**　A地点は、現在は海ではなく山の中である。そこにある地層から、海にすむ魚や貝の化石が見つかったということは、かつてはA地点が海の底であった証拠である。れきが丸みを帯びているのは、川を流されている間に角がけずられるためである。

　問題2　川を流されてきてたい積したれきや砂はつぶが丸みを帯びる。河口にある角ばった石は流水によって運ばれてきた石ではないと考えられる。穴があいた石は火山の爆発によるふん出物である軽石の特徴である。軽石の穴はふん出物内から水蒸気がぬけていったためにできる。よって、以前近くで火山のふん火があったと考えられる。

　問題3　以前は、コンクリートで川岸を固めたものが多かったが、それでは川周辺の生態系が壊されてしまい、生き物の住めない川になってしまうため、現在では護岸工事をするときにもできるだけ自然を残す形に変わってきている。

　問題4　野菜や調理器具をしっかりあらうとともに、肉などを一緒に炒めるときにはしっかり火を通すようにしよう。また、野外調理場を使う際はゴミを持ち帰るなど、自然を汚さないように注意しよう。

　問題5　頭とはらわたを取らないと魚のくさみ(にがみ)が出てしまい、うまみのあるおいしいだしにならない。

3 　**問題2**　解答例の短所と長所以外にも、短所は「同時に3試合できるぶん、必要なかるたがトーナメントよりも多いこと」などが、長所は「本当に実力のあるチームが勝つこと」などがあげられる。

　問題3　うしろから考えると、あてはまる漢字がしぼられていく。まず、ウ のあとの「心」につながることから、イ のあとの「図」は「ず」ではなく、「と」と読むと決まる。ここで、ウ が「都」だとわかる。次に、「安」で始まる言葉をさがすと、安易、安価、安産、安心、安静、安全、安置、安定、安否、などが思いうかぶ。それらのうち、次の「図」につながるものを考えると、「い」が見つかる(「安易」→「意図」)。

問題5　$\cdots\dfrac{5}{9}$, $\dfrac{\boxed{a}}{7}$, $\dfrac{7}{\boxed{b}}$, $\dfrac{\boxed{c}}{\boxed{d}}$, $\dfrac{\boxed{e}}{\boxed{f}}$, $\dfrac{5}{8}\cdots$ とする。

まず$\dfrac{5}{9}$, $\dfrac{\boxed{a}}{7}$の2つの真分数について考える。$\dfrac{\boxed{a}}{7}-\dfrac{5}{9}=\dfrac{\boxed{a}\times9}{63}-\dfrac{35}{63}$が$\dfrac{1}{63}$になるから，$\boxed{a}\times9$は$35+1=36$になるので，$\boxed{a}=36\div9=4$となる。よって，アは$\dfrac{4}{7}$である。

次に$\dfrac{5}{9}$, $\dfrac{4}{7}$, $\dfrac{7}{\boxed{b}}$の3つの真分数について考える。左右の分母の和は$9+\boxed{b}$，分子の和は$5+7=12$である。$\dfrac{12}{9+\boxed{b}}$は，真ん中の分数$\dfrac{4}{7}=\dfrac{12}{21}$に等しいので，$9+\boxed{b}=21$より$\boxed{b}=21-9=12$となる。

次に$\dfrac{4}{7}$, $\dfrac{7}{12}$, $\dfrac{\boxed{c}}{\boxed{d}}$の3つの真分数について考える。$\dfrac{4+\boxed{c}}{7+\boxed{d}}$が約分されずに$\dfrac{7}{12}$になるとすると，$\boxed{c}=7-4=3$，$\boxed{d}=12-7=5$となる。$\dfrac{4+\boxed{c}}{7+\boxed{d}}$が約分されて$\dfrac{7}{12}$になるとすると，$7+\boxed{d}$は$12\times2=24$以上の数になり，$\boxed{d}$は$24-7=17$以上の数となるので，「分母が2から13までの真分数」という問題の条件にあわなくなる。したがって，$\boxed{c}=3$，$\boxed{d}=5$である。

次に$\dfrac{3}{5}$, $\dfrac{\boxed{e}}{\boxed{f}}$, $\dfrac{5}{8}$の3つの真分数について考えると，$\dfrac{3+5}{5+8}=\dfrac{8}{13}$が真分数で約分できないから，$\boxed{e}=8$，$\boxed{f}=13$となる。よって，イは$\dfrac{8}{13}$である。

④ **問題1**　光電地は光があたることで発電する。太陽は東→南→西と動くから，太陽が通らない北に面した屋根には光電地を取り付けない。

問題2　光の強さが同じならば，光電地に光が垂直に当たるときに最も多く発電する。

問題3　風力や地熱の他に，水力や波力，バイオマス(木くずや動物のふんなど)も再生可能エネルギーである。また，人が歩く振動などをエネルギーに変える技術もできている。

問題4　四捨五入して上から2けたのがい数にするので，上から3けた目の数を四捨五入すればよい。総買取電力量は2013年度が18119百万kWhなので18000百万kWhとなり，2015年度が43235百万kWhなので43000百万kWhとなる。よって，2013年度は$18000\times\dfrac{26.8}{100}=4824$百万kWh，2015年度は$43000\times\dfrac{15}{100}=6450$百万kWhである。

長崎県立中学校　2018 平成30年度　作文

《解答例》

あなたが選んだルールの番号…③

(例文)

　私は以前，スーパーのちゅう輪場で，自転車をとなりの自転車にぶつけてしまいました。すると，ドミノだおしのように，自転車が次々とたおれてしまいました。十数台の自転車を起こすのを想像しただけで，泣けてきそうでした。その時，通りかかった男子中学生が，自転車を起こすのをだまって手伝ってくれたのです。それを見た，ちゅう輪場にいた人達も協力してくれました。知らない人達が，こんなに親切にしてくれるのかと，私はびっくりしました。困っている人を見かけたとき，迷うことなく親切な行動がとれる人はとても素敵だと思いました。それまでの私だったら，見て見ぬふりをしていたかもしれません。それからは，困っている人を見かけると，声をかけることができるようになりました。

　この経験を通して，私は，筆者が③を大切だと思う理由を次のように考えます。まず，思いやりの気持ちをもたなければ，相手にとって意外でびっくりするほどの親切をすることはできないからだと思います。そして，意外でびっくりするほどの親切をされた人は，うれしくて，今度はだれかに親切にしたくなります。親切の輪がどんどん広がります。その結果，人間関係がよくなり，楽しく充実した生活を送れるようになるからだと思います。

《解答例》

1 問題1．お会いする　　問題2．努め→務め　　問題3．ア．ふるさとを大切にしたい　イ．春　ウ．夕方

問題4．小さな子どものために、ふみ台がある。／足が不自由で支えが必要な人のために、手すりがある。

問題5．ふだんの仕事として農業をしている人の数が減り、そのうち65さい以上の人の割合が増えている

問題6．米粉にしてパンなどに利用する。

2 問題1．手帳を出し入れしやすくする　　問題2．たて…50　横…18　　問題3．24

問題4．輸送費を減らすことができる

3 問題1．コース…B→E　道のり…30　　問題2．ぼうしをかぶる／こまめに休けいする

問題3．もともともっている養分を使って成長していく　　問題4．かん電池の向きを変える

4 問題1．部品の在庫を持つ必要がない　　問題2．国内で働く場が減ってしまう

問題3．右図　　問題4．7

図3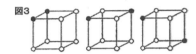

《解　説》

1 **問題1**　敬語には、話し手が聞き手の動作や状態を高めて言う「尊敬語」、話し手が自分や自分の側にあるものをへりくだっていうことで、相手に対する敬意を表す「謙譲語」、話し手が丁寧に言い、聞き手に対する敬意を表す「丁寧語」の三つがある。この場合は、話し手(しんたさん)が、自分の動作をへりくだることで、聞き手(田中さん)に対する敬意を表す必要があるので、謙譲語の「お～する」の形に直す。

問題2　まちがえやすい同訓異字。「つとめる」は、「努める：やりとげるために力をつくすこと」「勤める：仕事をして働くこと。勤務すること」「務める：役割や任務に当たること」の3つに注意。漢字によって意味が変わり、使われ方がちがってくる。この場合、田中さんは「代表」という役割についているので、「務める」が正しい。

問題3　ア　「ふるさと」を、現代の言葉にすると「うさぎを追いかけた　あの山　小ぶなを釣った　あの川　夢は今も心をめぐって　忘れることができない　ふるさとよ」となる。　イ　この句の季語は「菜の花」なので、季節は春である。　ウ　この句で詠まれているのは、「一面に菜の花が咲いている。夕方の月が東の空にのぼり、太陽は西の空にしずもうとしている」という情景である。

問題4　ふみ台を必要とする人がどんな人か，手すりを必要とする人がどんな人か，をそれぞれ考える。

問題5　棒グラフと折れ線グラフそれぞれの変化を読み取ろう。「ふだんの仕事として農業をしている人の数」は棒グラフで示されていて，年を追うごとに減少している。「ふだんの仕事として農業をしている人のうち65さい以上の人の割合」は折れ線グラフで示されていて，年を追うごとに増加している。

問題6　解答例のほか，「牛や豚などえさ用の米の生産を増やしている」などもよい。

2 **問題1**　布にゆとりがあることで便利なことを考えればよい。解答例以外にも，「手帳以外の物もいっしょに入れられるようにする」などでもよい。

問題2　問題の図から手帳の大きさは縦15 ㎝，横10 ㎝とわかる。したがって，ゆとりは，縦が$15 \times 0.4 = 6$ (㎝)，横が$10 \times 0.4 = 4$ (㎝)である。問題の図の布は，1枚の細長い布を半分に折っていることに注意してぬいしろを合わせた長さを計算すると，布の縦の長さは，$(15 + 6 + 4) \times 2 = 50$(㎝)，横の長さは$10 + 4 + 2 \times 2 = 18$(㎝)である。

問題3 水でうすめたあとの量が $40 \times 3 = 120$(mL)になればよいから，5倍濃縮ならば，そうめんつゆが $120 \div 5 = 24$(mL)あればよい。

問題4 濃縮すれば体積が小さくなる。体積を小さくすることのメリットは何か，を考える。

③ **問題1** 右のような表を作り，空いているところをうめていきながら考えるとよい。Cの道のりだと $20 \div 30 = \dfrac{2}{3}$(時間)，つまり $60 \times \dfrac{2}{3} = 40$(分)かかるから，㋒＝40 となる。

	時間(分)		時間(分)
A	㋐	D	㋓
B	㋑	E	㋔
C	㋒		

ヒント②から㋐と㋑と㋒の合計は $30 \times 3 = 90$(分)とわかるから，㋐＋㋑＝90－40＝50 となる。ヒント③から，1時間20分＝80分なので，㋐＋㋓＝80，㋔＝80－㋒＝40 となる。ヒント④から㋑＋㋓＝ $60 \times \dfrac{35}{30} = 70$ となる。㋐＋㋓＝80と㋑＋㋓＝70より，㋐－㋑＝80－70＝10 となる。㋐＋㋑＝50と㋐－㋑＝10から，㋐の2倍は 50＋10＝60 なので，㋐＝60÷2＝30 とわかり，㋑＝30－10＝20 となる。したがって，㋓＝80－㋐＝50 となる。以上より，B→Eの所要時間が一番短いので，この道のりが一番短いコースであり，20＋40＝60(分)かかるから，道のりは，$30 \times \dfrac{60}{60} = 30$(km)となる。

問題2 炎天下で活動するときには，熱中症に十分気をつけなければならない。日光が直接頭に当たると，熱が頭に伝わりやすくなるため，ぼうしをかぶって頭に伝わる熱の量を減らすことが大切である。また，長時間太陽が当たるところで活動し続けると熱中症になりやすくなるので，こまめに日かげに入って休けいすることも大切である。

問題3 たまごからかえったばかりのメダカは，はらに養分をたくわえていて，2～3日は何も食べないでも生きていける。また，発芽したばかりのインゲンマメは，子葉に養分をたくわえていて，十分に光合成ができるようになるまでは，この養分を使って成長する。

問題4 モーターの回転の向きを変えるときは，モーターに流れる電流の向きを反対にする。なお，モーターを速く回転させるときは，電池の数を増やして直列につなぎ，モーターに流れる電流を大きくする。

④ **問題1** 組み立て工場では，主にジャストインタイム生産方式(必要なときに必要なものを必要なだけ生産する方式)が取られているため，倉庫に余分な在庫が保管されることはほとんどない。この生産方式の欠点として，東日本大震災のような天災などのため部品工場が操業を停止すると，被害のない組み立て工場でも操業を停止せざるを得なくなることがあげられる。

問題2 生産の多くが海外で行われるようになり，国内の産業が衰退することを「産業の空洞化」という。産業の空洞化が進むと，国内生産や雇用が減少したり，ものづくりの技術水準が低下したりするという問題が発生する。

問題3 すでにぬりつぶされている黒玉(黒玉Aとする)と，新たにぬりつぶす黒玉(黒玉Bとする)との位置関係を考える。BがAのとなりにある場合(右図アなど)，BがAと同じ面上にありとなりあっていない場合(右図イなど)，BがAと同じ面上にない場合(右図ウ)の3通りがある。

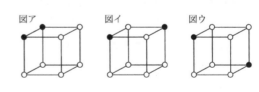

図ア　図イ　図ウ

問題4 同じ面上にある黒玉の個数で場合を分けて考えるとよい。

同じ面上に4個の黒玉がある場合の配置は，下図カの1通り，同じ面上に3個の黒玉がある場合の配置は，下図キ，ク，ケ，コの4通り，同じ面上に2個の黒玉がある場合の配置は，下図サ，シの2通りがある。同じ面上に1個以下しか黒玉がないような配置はできない(下図の立方体の上の面に黒玉が1個しかない配置をかこうとすると，黒玉が2個以上ある面が必ずどこかにできてしまう)。よって，配置は全部で，1＋4＋2＝7(通り)

図カ　図キ　図ク　図ケ　図コ　図サ　図シ

《解答例》

問題一　（例文）

　　この世に生まれた人間は一人残らず全員、それぞれの個性を持っている。個性を磨くことは、誰かから命令されて、義務のように行うものではなく、自分が本当に好きなもの、興味があることを優先し、自分の世界をどんどん広げていくことだ。

問題二　（例文）

　　現代の日本人は、言葉づかいやファッション、ヘアスタイルなど、常に流行を追い求めて自分らしさをなくしている人が多い。私は、それは個性がないということだと思っていた。しかし、個性とは、文章にあるように「この世に生まれた人間は一人残らず全員、それぞれの個性を持って」いるので、他人と違うことや「奇抜なスタイル」をすることが個性ではないということがわかった。

　　個性を磨くということについては、文章の後半にある「自分が本当に好きなもの、興味があることに気持ちが向かっていけば、自分の世界がどんどん広がっていく。それが本当の意味で『個性を磨く』ということ」という部分を読んで、自分の心に素直に生きることが個性を磨くことなのだとわかった。

　　私はこれからも、私自身が「楽しい、面白い、不思議だ、ワクワクする、どきどきする」と感じることを大切にし、自分が「心から求めているものを優先」して生きていきたいと感じた。そうすれば、自然と個性は磨かれていくのだ。そのためにも、自分の心がときめくことにびん感でありたいと思う。

《解答例》

1. 問題1．保存　　問題2．説明などを外国語で書く。

　　問題3．雨(あめ)＋水(みず)→雨水(あまみず)　／　風(かぜ)＋上(かみ)→風上(かざかみ)

　　問題4．輸入されている

2. 問題1．エ　　問題2．橋をわたり、花屋と薬局の間の道を進む。つきあたりを左に曲がり、消防署の角を右に曲がる。次の角から三つ目の家がわたしの家だよ。　　問題3．ア．4　イ．$\frac{4}{5}$　ウ．いらない紙や布で油をふきとる　　問題4．ア．色落ちしてほかの洗たく物に色うつりする　イ．下洗いをしておくこと

3. 問題1．ア．3　イ．30　　問題2．空気は、温められると体積が大きくなる

　　問題3．ア．まんじゅう／ストラップ／キーホルダー　イ．クッキー　ウ．1254

　　問題4．イ→息をのみました　／　ウ→足がぼうになりました　／　エ→話がはずみました　のうち1つ

4. 問題1．ひなん場所を家族で確かめておく／非常持ち出し品を準備しておく

　　問題2．自然の様子をよく観察する　　問題3．右図

　　問題4．

赤	赤	青	青
黄	赤	赤	青

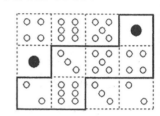

《解　説》

1. 問題1　現在，世界中で数多くの世界遺産が登録されているが，経済的・社会的な理由から，自国の力で十分な補修や保存がなされていないものも多い。そのまま，世界遺産に登録された建築物や遺跡などが失われることがないよう，世界遺産委員会は，世界遺産としての意義を揺るがすような脅威にさらされている遺産を「危機遺産」に登録して，資金援助を行ったり，世界各国の協力を重点的に募ったりする活動を行っている。

　　問題2　解答例のほかに，「説明などを絵文字(ピクトグラム)で表す。」などもよい。世界遺産に登録されて世界に知られるようになった場所には，外国人観光客が訪れるようになる。そのため，案内板以外にも外国語表記のパンフレットや翻訳機能のついた音声案内など，外国人観光客に配慮をする場所が増えている。

　　問題3　「雨(あめ)」や「風(かぜ)」が他の言葉との組み合わせで複合語となる場合，読み方が「雨(あま)」「風(かざ)」と変化する場合がある(母音交替)。「え」段の語尾が「あ」段に変わる変化だが，法則は特定されていない。「雨(あめ)」が「雨(あま)」に変化する例…雨着・雨雲・雨空・雨戸・雨水など。「風(かぜ)」が「風(かざ)」に変化する例…風穴・風上・風花など。「雨」「風」以外の例…声(こえ)＋色(いろ)→声色／金(かね)＋物(もの)→金物／船(ふね)＋宿(やど)→船宿など。

　　問題4　1960年代に起こったエネルギー革命によって，日本の主なエネルギー源が石炭から石油へ転換したことや，安価で良質の石炭が輸入されるようになったことで，日本の石炭の国内生産量は減少した。

2. 問題1　消防署の地図記号は，江戸時代に使われていた火消しの道具「さすまた」の形からとられている。

　　ア．交番の地図記号　イ．神社の地図記号　ウ．寺院の地図記号　オ．病院の地図記号

問題2　しおりさんが言っているように「目印となる建物などや方向」を入れながら説明しよう。特に道沿いにあって目印になる建物や曲がり角にある建物を入れて説明するとわかりやすい。

問題3　1人分のごはんをたくのに必要な水は$100 \times 1.2 = 120$(mL)だから，8人分だと$120 \times 8 = 960$(mL)必要である。$960 \div 200 = 4$余り160より，200mLの計量カップで4カップと$\frac{160}{200} = \frac{4}{5}$カップの水が必要になる。

なお，水1mLの重さは1gなので，重さから計算してもよい。1人分のごはんをたくのに必要な水の重さは$80 \times 1.5 = 120$(g)だから，8人分だと$120 \times 8 = 960$(g)になり，960mLの水が必要だとわかる。

また，フライパンを洗うときは洗う前に火にかけて温めておくとよごれが落ちやすくなるので，ウに入ることばとして「火にかけて温めておく」なども考えられる。

問題4　ア．色落ちしそうな洗たく物は，他の洗たく物(特に白っぽい色の洗たく物)に色うつりするといけないので，他の洗たく物とは別に洗った方がよい。試しに，一度白い布などといっしょに洗たくしてみて，色うつりしなければ，次からは他の洗たく物といっしょに洗うことができる。　イ．よごれがひどい時には，下洗い(先によごれがひどい部分だけを洗って，ある程度きれいにしておくこと)をしておかないと，洗たく機で洗ってもよごれが完全にとれない可能性がある。また，よごれが他の洗たく物にうつってしまうこともある。下洗い専用の洗ざいなども売っているので，よごれがとれにくいときには使ってみるとよい。

3　問題1　展望台からキャンプ場までの道のりは$9 - 6 = 3$(km)である。登山道入口から展望台までの6kmを$12 - 8 = 4$(時間)で歩いたから，3kmは$4 \times \frac{3}{6} = 2$(時間)で歩ける。

よって，求める時刻は，午後1時30分＋2時間＝午後3時30分

問題2　空気は，温められると体積が大きくなるので，より強い力で水筒の中の液面をおすことになる。このため，お茶がおし出されてストローから自然にあふれ出てきた(右図参照)。

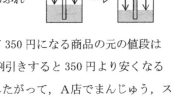

問題3　2割引きの値段は元の値段の$1 - 0.2 = 0.8$(倍)だから，2割引きして350円になる商品の元の値段は$350 \div 0.8 = 437.5$(円)である。したがって，437.5円より安いおみやげは2割引きすると350円より安くなるのでA店で買えばよく，437.5円より高いおみやげはB店で買えばよい。したがって，A店でまんじゅう，ストラップ，キーホルダーを，B店でクッキーを買えばよく，合計金額は$(430 + 320 + 380) \times 0.8 + 350 = 1254$(円)となる。

問題4　目がない・目がこえる・口がすべる・口がかたい・足が出る・腹を割る・顔が広いなど，体に関する言葉を用いた慣用句も多い。その他，水に流す・油を売る・馬が合う・さじを投げるなど，体に関する言葉以外の言葉を用いたものもたくさんある。分類して，慣用句の意味と漢字を正しくおぼえておこう。

4　問題1　解答例のほかに，「排水溝などの掃除をして，水はけをよくしておく」「ハザードマップを入手して確認しておく」などもよい。実際に台風が接近・上陸したときには，「できる限り外出をひかえる」「屋外での作業をしない」「用水路・海岸には近づかない」などの，自分の身を守るための行動をとることが重要である。

問題2　パネルに書かれている「天気の言い習わし」の4つの例に共通しているのは自然の様子から天気を予測していることだ。「今のような気象情報や天気予報がなかった昔」から，天気は人の生活に大きくえいきょうをあたえるもので，それをはあくすることは大事なことだった。そのため，自然現象や生物の行動の様子などから天気の変化を予測していたのだ。

問題3　図1のように各面に記号をおく。向かい合った面の目の数の和が7になること
に注意して，この図1から向かい合う面の組を探す。1に1Bを選ぶと，どのように展
開図を作っても6Aまたは6Bと向かい合う図にはならない。したがって，1は1Aを
選ぶ。2に2Bを選ぶと，どのように展開図を作っても5Bと向かい合う図にはならず，
5Aと向かい合う図にすると図2のように5Bもふくまれてしまう。したがって，2は
2Aを選ぶ。3に3Bを選ぶと，どのように展開図を作っても4Bと向かい合う図には
ならず，4Aと向かい合う図にすると図3のように3Aもふくまれてしまう。したがっ
て，3は3Aを選ぶ。

よって，1A，2A，3Aの3つの面をふくみ，向かい合った面の目の数の和が7にな
るように展開図を作ると，解答例のような展開図になる。

問題4　ブロックを右下図のような向きで組み立てれば，問題の前方図と後方図の通りに
なる直方体ができる。できあがった直方体において，上段の立方体を上から見た場合
と下段の立方体だけを上から見た場合の色は下図の通りになる。

図1

4A	6A	5A	1A
1B	3A	5B	4B
2A	6B	3B	2B

図2

4A	6A	5A	1A
1B	3A	5B	4B
2A	6B	3B	2B

図3

4A	6A	5A	1A
1B	3A	5B	4B
2A	6B	3B	2B

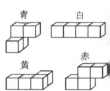

上段

青	青	赤	赤
白	白	白	白

下段

青	赤	赤	黄
青	黄	黄	黄

長崎県立中学校　2016 平成28 年度　作文

《解答例》

問題一　雑用は、気持ちよく生きていくために必要な事柄であり、それを丁寧に行うことによって精神的な安定感
を得られる。また、雑用を行うことで、健康な脳を十分にいきいきと働かせて新しい脳力を得ることがで
きる。

問題二　（例文）

　　　筆者は、雑用を丁寧に行えば「確かに精神的な安定感を得るだろう。心の一部が澄んだ状態になるのだ。」
と述べている。私も、何度かこのような経験をしたことがある。私はたまに家の庭の草むしりをする。庭
のあちこちに生えた草を全部ぬくのは大変な作業だが、丁寧に行っているとだんだんと夢中になってくる。
そして、作業後には気持ちがさっぱりとしている。このとき私は、庭がきれいになって気持ちがいいと思
うとともに、めんどうな作業をしっかりとやりきったという達成感で、心の一部が澄んだ状態になってい
る。

　　　また、筆者は、「雑用を行うことは脳をすみずみまで働かせることにもなる。雑用をすることは、手を
動かし、物事を選別し、順序立て、手際よく行うために工夫し、それらを統合して実現化させることだ。」
と述べている。私は自分の机の周りを整理するときに、何をどこにしまえば使い易いのか、どのような順
番で片付ければ早く終えられるのかなどといったことを考えながら進める。こうした雑用は、確かにいろ
いろなことを統合して実現化するものであり、そのことによってかなり頭を使っていると感じる。

《解答例》

1　問題1．父は元気にしています。　　　問題2．下図　　　問題3．流れが速いので川底がけずられる

　　問題4．自分の考えとは反対の考えと、それに対する反論

2　問題1．ア．OKAYAMA　イ．KAGAWA　　　問題2．ア．250　イ．2562500　　　問題3．しゃ面

　　問題4．ア．フランス　イ．アメリカ　ウ．日本　エ．イギリス

3　問題1．だいこん　　　問題2．火が通りにくい　　　問題3．下図

　　問題4．ア．すくすく　イ．つよし　ウ．アサガオ　　　問題5．ア．感想など　イ．清潔など

4　問題1．お楽しみ会をどこでするのか

　　問題2．全体の人口にしめる、65さい以上の人口の割合が増えていく　　　問題3．ア．106　イ．54

　　問題4．6

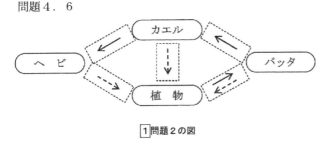

1 問題2の図

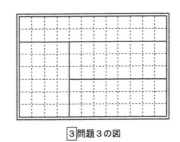

3 問題3の図

《解　説》

1　問題1　第三者に対して自分の父親のことを言うときは、「お父さん」ではなく「父」。自分の父親(=自分の
　　側の人)のことなので、所長さんに対する敬意から、へりくだる表現(謙譲語)に直す。「元気にしていらっし
　　ゃいます」ではなく「元気にしています」。「元気にしております」でもよい。

　問題2　植物は、二酸化炭素と水を材料として、酸素と養分をつくりだす光合成を行っている。したがって、ヘ
　　ビ、カエル、バッタが出した二酸化炭素が植物に取り入れられる向きに点線矢印をかく。また、バッタは植物
　　を食べ、カエルはバッタを食べ、ヘビはカエルを食べる関係になるように実線矢印をかく。なお、このように、
　　生物同士の「食べる・食べられる」の関係を食物連鎖という。

　問題3　川を流れる水には、川底や川岸をけずるはたらきがある。このはたらきを侵食という。川の曲がって
　　いるところでは、外側の方が流れが速いため、内側よりも川底や川岸が深くけずられる。なお、川のまっすぐ
　　なところでは、川の中央の方が川岸よりも流れが速いため、川底が深くけずられる(下図参照)。

曲がっているところ　　　　　　　　　　　まっすぐなところ

問題4　けんたさんは「森林を守っていかなければならない」と考えている。本論2つ目の○で自分と反対の考え方(＝人間の生活を便利にするほうが大切だという考え方)があることを取り上げ、3つ目の○でそれに反論することで、自分の主張をより明確にしている。

2 問題1　解答例のほか、県名にAが3つ含まれる県は、ＳＡＩＴＡＭＡ(埼玉県)、ＹＡＭＡＮＡＳＨＩ/ＹＡＭＡＮＡＳＩ(山梨県)の2つがある。

問題2　ア．縮尺2万5千分の1の地図の実際のきょりは、地図上のきょり×縮尺の分母で求められる。したがって、地図上の1cmの実際のきょりは、$1 \times 25000 = 25000$(cm)$= 250$(m)となる。

　イ．方眼紙のマスは正方形である。したがって、方眼紙1マス分の実際の面積は、$250 \times 250 = 62500$(㎡)だから、方眼紙41マス分の実際の面積は、$62500 \times 41 = 2562500$(㎡)となる。

問題3　棚田とは、傾斜地を切り開いて階段状に作られた水田のこと。写真から、水田が山の斜面に作られていることを見ぬこう。

問題4　ア・イ．縦軸が平均輸送きょりを示し、横軸が一人当たりの食料輸入量を示している。

　ウ・エ．お父さんの発言中に「フードマイレージとは、食料輸送量に輸送きょりをかけて出した数字のこと」と説明があるので、これを参考にして考えよう。日本は、一人当たりの食料輸入量はフランスとほぼ同じくらいだが、平均輸送きょりがほかの4か国と比べて抜きんでて長いため、一人当たりの輸入におけるフードマイレージが最も大きくなる。また、ほかの4か国を見ると、いずれもグラフから読みとれる値の概算で、アメリカは $180 \times 600 = 108000$(kg・km)、フランスは $500 \times 4000 = 2000000$(kg・km)、ドイツは $550 \times 4000 = 2200000$(kg・km)、イギリスは、$750 \times 4000 = 3000000$(kg・km)となることから、エに入る国名は、イギリスとなる。

3 問題3　箱の縦の辺は8マス分、横の辺は12マス分だから、箱の底は $8 \times 12 = 96$(マス)に分けられている。面積が等しい4つの長方形ができるように箱の底を仕切りなおすから、1つの長方形は $96 \div 4 = 24$(マス)になる。したがって、かけ合わせて24になる2つの整数の組を探すと、(1、24)(2、12)(3、8)(4、6)の4組あるから、できる長方形の縦と横の長さの組は、この4組のいずれかとなる。できる長方形は、縦の長さが8マス分以下で、横の長さが12マス分以下になるから、縦と横の長さの組が[2マス分、12マス分]、[3マス分、8マス分]、[4マス分、6マス分]の長方形ができるとわかる。この3種類の長方形で箱の底を仕切りなおすと、解答例のように、[2マス分、12 マス分]の長方形と[4マス分、6マス分]の長方形が1個ずつで、[3マス分、8マス分]の長方形が2個できるように仕切りなおすことになる。

問題4　3回目のかおりさんの発言から、Cの花だんの班長は『はじめ』さんとわかる。このことと、「のびのび班はアサガオの担当」「あけみさんはホウセンカの担当の班長」「いきいき班の班長はつよしさん」であることを合わせて考えると、Cの花だんは『はじめ』さんが班長である『のびのび』班の担当で、花は『アサガオ』とわかる。さらに、「Bの花だんの担当はすくすく班ではない」ことから、Aの花だんは『すくすく』班の担当であるとわかり、その班長は『あけみ』さんで、花は『ホウセンカ』とわかる。したがって、Bの花だんは、『つよし』さんが班長である『いきいき』班の担当で、花はヒマワリとなる。以上のことから、図1の表は、右のようにうまる。

花だん	A	B	C
班	すくすく	いきいき	のびのび
班長	あけみ	つよし	はじめ
花	ホウセンカ	ヒマワリ	アサガオ

問題5　他にも「草花」「宇宙」「鉄鋼」「開閉」「資質」「往復」「強弱」「判別」「神社」「燃焼」「意志」「際限」「呼吸」「明暗」「姉妹」「命令」などがある。

4　問題1　いつ、どこで、だれが、何を、どのように、といった基本的な事がらをおさえて計画を進めることが大切。いつ→「日にちは、先生と相談して決めておいた方が～」とある。だれが→「学級のみんなでいっしょに」とある。何を、どのように→「みんなにアンケートをとろうと思う」とある。ここで欠けているのは、「どこで」に関すること。

問題2　2020年のグラフを見ると、65歳以上の高齢者の人口割合は全体の3割ほどだが、2100年のグラフを見ると、65歳以上の高齢者の人口割合が全体の4割ほどまで増加していることがわかる。

問題3　図1のように掲示する場合、1枚目をとめるのに4個使い、2枚目以降は3個使う。したがって、2枚目から35枚目までをとめるのに $3 \times (35 - 1) = 102$（個）使うから、全部で $4 + 102 = \mathbf{106}$（個）必要である。

また、図2のように掲示する場合、$35 = 5 \times 7 = (3 + 2) \times 7 = 3 \times 7 + 2 \times 7$ より、3枚の列を7列、2枚の列を7列にする必要がある。このことから、1列目と2列目、3列目と4列目、…のように、奇数列目とその次の偶数列目を1セットにして、必要な画びょうの個数を調べる。

1列目と2列目の1セット目をとめるのに $(4 + 3 + 3) + 2 = 12$（個）使い、2セット目以降をとめるには $12 - 5 = 7$（個）使うことになる。35枚をすべて掲示するには、7セット目までとめる必要があるから、必要な画びょうの個数は、$12 + 7 \times (7 - 1) = \mathbf{54}$（個）である。

問題4　使うペンキの量はぬる面積に比例するから、円柱の側面積が底面積の何倍かを調べる。

円柱の側面積は、縦の長さが円柱の高さに等しく、横の長さが底面の円周の長さに等しい長方形の面積に等しいから、円周率を3.14とすると、$90 \times (60 \times 3.14) = 5400 \times 3.14$（cm²）となる。

円柱の底面の半径は $60 \div 2 = 30$（cm）だから、底面積は $30 \times 30 \times 3.14 = 900 \times 3.14$（cm²）となるため、円柱の側面積は底面積の $(5400 \times 3.14) \div (900 \times 3.14) = \dfrac{5400 \times 3.14}{900 \times 3.14} = 6$（倍）とわかる。よって、円柱の側面全体に色をぬるのに必要なペンキは、底面をぬるのに必要な量の6倍の、$1 \times 6 = \mathbf{6}$（かん）となる。

《解答例》

問題一　職業につき働くことで、充実感や達成感、友人や仲間を得られる。また、集団や会社や組織に属すことで、自分の居場所を確かめられる。このように、社会から必要とされている、他人から認められているという感覚を持つことができるから。

問題二　（例文）

　　働くことによって、社会から必要とされている、他人から認められているという感覚を持つことができるという内容について、自分の経験と重ね合わせて考えた。

　　私は、欲しいゲームソフトを買ってもらうために、家事をする約束をしたことがある。夏休み中の毎日、朝昼晩の食事の片付けと、おふろのそうじをすることになった。最初は、ゲームソフトのためだと思って、いやいやながら行っていた。しかし、続けているうちに、自分がやらなかったら家族が困るのだという自覚と責任感が生まれた。また、家族から「おかげで気持ちよくおふろに入れる」などと言われると、とてもうれしくて、もっとがんばろうと、やる気がわいた。私は約束を果たし、ゲームソフトを買ってもらうことができた。そのこと自体もうれしい。しかし、それだけではない、もっと大きな喜びのようなものを感じていたことを覚えている。

　　この文章を読んで、自分が夏休みに感じた気持ちは、「大切な人たちのために何かをすること、それ自体が喜びだ」というものだったのだと分かった。将来、職業についた時、特に、仕事でなやんだりした時には、自分と社会とのつながりを考えてがんばりたい。

■ ご使用にあたってのお願い・ご注意

（1）問題文等の非掲載

　著作権上の都合により，問題文や図表などの一部を掲載できない場合があります。

　誠に申し訳ございませんが，ご了承くださいますようお願いいたします。

（2）過去問における時事性

　過去問題集は，学習指導要領の改訂や社会状況の変化，新たな発見などにより，現在とは異なる表記や解説になっている場合があります。過去問の特性上，出題当時のままで出版していますので，あらかじめご了承ください。

（3）配点

　学校等から配点が公表されている場合は，記載しています。公表されていない場合は，記載していません。

　独自の予想配点は，出題者の意図と異なる場合があり，お客様が学習するうえで誤った判断をしてしまう恐れがあるため記載していません。

（4）無断複製等の禁止

　購入された個人のお客様が，ご家庭でご自身またはご家族の学習のためにコピーをすることは可能ですが，それ以外の目的でコピー，スキャン，転載（ブログ，ＳＮＳなどでの公開を含みます）などをすることは法律により禁止されています。学校や学習塾などで，児童生徒のためにコピーをして使用することも法律により禁止されています。

　ご不明な点や，違法な疑いのある行為を確認された場合は，弊社までご連絡ください。

（5）けがに注意

　この問題集は針を外して使用します。針を外すときは，けがをしないように注意してください。また，表紙カバーや問題用紙の端で手指を傷つけないように十分注意してください。

（6）正誤

　制作には万全を期しておりますが，万が一誤りなどがございましたら，弊社までご連絡ください。

　なお，誤りが判明した場合は，弊社ウェブサイトの「ご購入者様のページ」に掲載しておりますので，そちらもご確認ください。

■ お問い合わせ

　解答例，解説，印刷，製本など，問題集発行におけるすべての責任は弊社にあります。

　ご不明な点がございましたら，弊社ウェブサイトの「お問い合わせ」フォームよりご連絡ください。迅速に対応いたしますが，営業日の都合で回答に数日を要する場合があります。

　ご入力いただいたメールアドレス宛に自動返信メールをお送りしています。自動返信メールが届かない場合は，「よくある質問」の「メールの問い合わせに対し返信がありません。」の項目をご確認ください。

　また弊社営業日（平日）は，午前９時から午後５時まで，電話でのお問い合わせも受け付けています。

2025 春

株式会社教英出版

〒422-8054　静岡県静岡市駿河区南安倍３丁目 12-28

TEL　054-288-2131　　FAX　054-288-2133

URL　https://kyoei-syuppan.net/

MAIL　siteform@kyoei-syuppan.net

教英出版の中学受験対策

中学受験面接の基本がここに！
知っておくべき面接試問の要領

面接試験に，落ち着いて自信をもってのぞむためには，あらかじめ十分な準備をしておく必要があります。面接の心得や，受験生と保護者それぞれへの試問例など，面接対策に必要な知識を1冊にまとめました。

● 面接の形式や評価のポイント，マナー，当日までの準備など，面接の基本をていねいに指南「面接はこわくない！」
● 書き込み式なので，質問例に対する自分の答えを整理して本番直前まで使える
● ウェブサイトで質問音声による面接のシミュレーションができる

定価：**770**円（本体700円＋税）

入試テクニックシリーズ

必修編

基本をおさえて実力アップ！
1冊で入試の全範囲を学べる！
基礎力養成に最適！

こんな受験生には必修編がおすすめ！
● 入試レベルの問題を解きたい
● 学校の勉強とのちがいを知りたい
● 入試問題を解く基礎力を固めたい

定価：**1,100**円（本体1,000＋税）

発展編

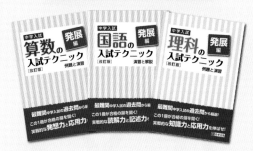

応用力強化で合格をつかむ！
有名私立中の問題で
最適な解き方を学べる！

こんな受験生には発展編がおすすめ！
● もっと難しい問題を解きたい
● 難関中学校をめざしている
● 子どもに難問の解法を教えたい

定価：**1,760**円（本体1,600＋税）

絶賛販売中！

詳しくは教英出版で検索

教英出版	検索

URL https://kyoei-syuppan.net/

教英出版　2025年春受験用　中学入試問題集

東京都 ⑬ 開成中学校 2025年春受験用 入学試験問題集 過去6年分

神奈川県 ⑥ 浅野中学校 2025年春受験用 入学試験問題集 過去5年分

兵庫県 ⑨ 灘中学校 2025年春受験用 入学試験問題集 過去6年分

鹿児島県 ④ ラ・サール中学校 2025年春受験用 入学試験問題集 過去7年分

④[府立]富田林中学校
⑤[府立]咲くやこの花中学校
⑥[府立]水都国際中学校
⑦清　風　中　学　校
⑧高　槻　中　学　校（Ａ日程）
⑨高　槻　中　学　校（Ｂ日程）
⑩明　星　中　学　校
⑪大　阪　女　学　院　中　学　校
⑫大　谷　中　学　校
⑬四　天　王　寺　中　学　校
⑭帝　塚　山　学　院　中　学　校
⑮大　阪　国　際　中　学　校
⑯大　阪　桐　蔭　中　学　校
⑰開　明　中　学　校
⑱関　西　大　学　第　一　中　学　校
⑲近　畿　大　学　附　属　中　学　校
⑳金　蘭　千　里　中　学　校
㉑金　光　八　尾　中　学　校
㉒清　風　南　海　中　学　校
㉓帝　塚　山　学　院　泉　ヶ　丘　中　学　校
㉔同　志　社　香　里　中　学　校
㉕初　芝　立　命　館　中　学　校
㉖関　西　大　学　中　等　部
㉗大　阪　星　光　学　院　中　学　校

兵　庫　県
①[国立]神戸大学附属中等教育学校
②[県立]兵庫県立大学附属中学校
③雲　雀　丘　学　園　中　学　校
④関　西　学　院　中　学　部
⑤神　戸　女　学　院　中　学　部
⑥甲　陽　学　院　中　学　校
⑦甲　南　中　学　校
⑧甲　南　女　子　中　学　校
⑨灘　中　学　校
⑩親　和　中　学　校
⑪神　戸　海　星　女　子　学　院　中　学　校
⑫滝　川　中　学　校
⑬啓　明　学　院　中　学　校
⑭三　田　学　園　中　学　校
⑮淳　心　学　院　中　学　校
⑯仁　川　学　院　中　学　校
⑰六　甲　学　院　中　学　校
⑱須磨学園中学校(第1回入試)
⑲須磨学園中学校(第2回入試)
⑳須磨学園中学校(第3回入試)
㉑白　陵　中　学　校

㉒夙　川　中　学　校

奈　良　県
①[国立]奈良女子大学附属中等教育学校
②[国立]奈良教育大学附属中学校
③[県立]{国　際　中　学　校 / 青　翔　中　学　校}
④[市立]一条高等学校附属中学校
⑤帝　塚　山　中　学　校
⑥東　大　寺　学　園　中　学　校
⑦奈　良　学　園　中　学　校
⑧西　大　和　学　園　中　学　校

和　歌　山　県
①[県立]{古　佐　田　丘　中　学　校 / 向　陽　中　学　校 / 桐　蔭　中　学　校 / 日高高等学校附属中学校 / 田　辺　中　学　校}
②智　辯　学　園　和　歌　山　中　学　校
③近　畿　大　学　附　属　和　歌　山　中　学　校
④開　智　中　学　校

岡　山　県
①[県立]岡　山　操　山　中　学　校
②[県立]倉　敷　天　城　中　学　校
③[県立]岡山大安寺中等教育学校
④[県立]津　山　中　学　校
⑤岡　山　中　学　校
⑥清　心　中　学　校
⑦岡　山　白　陵　中　学　校
⑧金　光　学　園　中　学　校
⑨就　実　中　学　校
⑩岡山理科大学附属中学校
⑪山　陽　学　園　中　学　校

広　島　県
①[国立]広島大学附属中学校
②[国立]広島大学附属福山中学校
③[県立]広　島　中　学　校
④[県立]三　次　中　学　校
⑤[県立]広島叡智学園中学校
⑥[市立]広島中等教育学校
⑦[市立]福　山　中　学　校
⑧広　島　学　院　中　学　校
⑨広　島　女　学　院　中　学　校
⑩修　道　中　学　校

⑪崇　徳　中　学　校
⑫比　治　山　女　子　中　学　校
⑬福　山　暁　の　星　女　子　中　学　校
⑭安　田　女　子　中　学　校
⑮広　島　な　ぎ　さ　中　学　校
⑯広　島　城　北　中　学　校
⑰近畿大学附属広島中学校福山校
⑱盈　進　中　学　校
⑲如　水　館　中　学　校
⑳ノートルダム清心中学校
㉑銀　河　学　院　中　学　校
㉒近畿大学附属広島中学校東広島校
㉓ＡＩＣＪ中学校
㉔広　島　国　際　学　院　中　学　校
㉕広島修道大学ひろしま協創中学校

山　口　県
①[県立]{下関中等教育学校 / 高森みどり中学校}
②野　田　学　園　中　学　校

徳　島　県
①[県立]{富　岡　東　中　学　校 / 川　島　中　学　校 / 城ノ内中等教育学校}
②徳　島　文　理　中　学　校

香　川　県
①大　手　前　丸　亀　中　学　校
②香　川　誠　陵　中　学　校

愛　媛　県
①[県立]{今治東中等教育学校 / 松山西中等教育学校}
②愛　光　中　学　校
③済美平成中等教育学校
④新田青雲中等教育学校

高　知　県
①[県立]{安　芸　中　学　校 / 高　知　国　際　中　学　校 / 中　村　中　学　校}

福 岡 県

① [国立] 福岡教育大学附属中学校
（福岡・小倉・久留米）

② [県立]
- 育 徳 館 中 学 校
- 門 司 学 園 中 学 校
- 宗 像 中 学 校
- 嘉穂高等学校附属中学校
- 輝 翔 館 中 等 教 育 学 校

③ 西 南 学 院 中 学 校
④ 上 智 福 岡 中 学 校
⑤ 福 岡 女 学 院 中 学 校
⑥ 福 岡 雙 葉 中 学 校
⑦ 照 曜 館 中 学 校
⑧ 筑 紫 女 学 園 中 学 校
⑨ 敬 愛 中 学 校
⑩ 久 留 米 大 学 附 設 中 学 校
⑪ 飯 塚 日 新 館 中 学 校
⑫ 明 治 学 園 中 学 校
⑬ 小 倉 日 新 館 中 学 校
⑭ 久 留 米 信 愛 中 学 校
⑮ 中 村 学 園 女 子 中 学 校
⑯ 福 岡 大 学 附 属 大 濠 中 学 校
⑰ 筑 陽 学 園 中 学 校
⑱ 九 州 国 際 大 学 付 属 中 学 校
⑲ 博 多 女 子 中 学 校
⑳ 東 福 岡 自 彊 館 中 学 校
㉑ 八 女 学 院 中 学 校

佐 賀 県

① [県立]
- 香 楠 中 学 校
- 致 遠 館 中 学 校
- 唐 津 東 中 学 校
- 武 雄 青 陵 中 学 校

② 弘 学 館 中 学 校
③ 東 明 館 中 学 校
④ 佐 賀 清 和 中 学 校
⑤ 成 穎 中 学 校
⑥ 早 稲 田 佐 賀 中 学 校

長 崎 県

① [県立]
- 長 崎 東 中 学 校
- 佐 世 保 北 中 学 校
- 諫早高等学校附属中学校

② 青 雲 中 学 校
③ 長 崎 南 山 中 学 校
④ 長 崎 日 本 大 学 中 学 校
⑤ 海 星 中 学 校

熊 本 県

① [県立]
- 玉名高等学校附属中学校
- 宇 土 中 学 校
- 八 代 中 学 校

② 真 和 中 学 校
③ 九 州 学 院 中 学 校
④ ル ー テ ル 学 院 中 学 校
⑤ 熊 本 信 愛 女 学 院 中 学 校
⑥ 熊 本 マ リ ス ト 学 園 中 学 校
⑦ 熊 本 学 園 大 学 付 属 中 学 校

大 分 県

① [県立] 大 分 豊 府 中 学 校
② 岩 田 中 学 校

宮 崎 県

① [県立] 五 ヶ 瀬 中 等 教 育 学 校

② [県立]
- 宮崎西高等学校附属中学校
- 都城泉ヶ丘高等学校附属中学校

③ 宮 崎 日 本 大 学 中 学 校
④ 日 向 学 院 中 学 校
⑤ 宮 崎 第 一 中 学 校

鹿 児 島 県

① [県立] 楠 隼 中 学 校
② [市立] 鹿 児 島 玉 龍 中 学 校
③ 鹿 児 島 修 学 館 中 学 校
④ ラ ・ サ ー ル 中 学 校
⑤ 志 學 館 中 等 部

沖 縄 県

① [県立]
- 与 勝 緑 が 丘 中 学 校
- 開 邦 中 学 校
- 球 陽 中 学 校
- 名護高等学校附属桜中学校

もっと過去問シリーズ

北 海 道

北嶺中学校
7年分（算数・理科・社会）

静 岡 県

静岡大学教育学部附属中学校
（静岡・島田・浜松）
10年分（算数）

愛 知 県

愛知淑徳中学校
7年分（算数・理科・社会）
東海中学校
7年分（算数・理科・社会）
南山中学校男子部
7年分（算数・理科・社会）

南山中学校女子部
7年分（算数・理科・社会）
滝中学校
7年分（算数・理科・社会）
名古屋中学校
7年分（算数・理科・社会）

岡 山 県

岡山白陵中学校
7年分（算数・理科）

広 島 県

広島大学附属中学校
7年分（算数・理科・社会）
広島大学附属福山中学校
7年分（算数・理科・社会）
広島学院中学校
7年分（算数・理科・社会）
広島女学院中学校
7年分（算数・理科・社会）
修道中学校
7年分（算数・理科・社会）
ノートルダム清心中学校
7年分（算数・理科・社会）

愛 媛 県

愛光中学校
7年分（算数・理科・社会）

福 岡 県

福岡教育大学附属中学校
（福岡・小倉・久留米）
7年分（算数・理科・社会）
西南学院中学校
7年分（算数・理科・社会）
久留米大学附設中学校
7年分（算数・理科・社会）
福岡大学附属大濠中学校
7年分（算数・理科・社会）

佐 賀 県

早稲田佐賀中学校
7年分（算数・理科・社会）

長 崎 県

青雲中学校
7年分（算数・理科・社会）

鹿 児 島 県

ラ・サール中学校
7年分（算数・理科・社会）

※もっと過去問シリーズは
国語の収録はありません。

 教英出版

〒422-8054
静岡県静岡市駿河区南安倍3丁目12-28
TEL 054-288-2131
FAX 054-288-2133

詳しくは教英出版で検索

教英出版　検索

URL https://kyoei-syuppan.net/

令和6年度

県立中学校入学者選抜

適性検査問題

長崎東中学校
佐世保北中学校
諫早高等学校附属中学校

1 　ひかるさんたちは、Ａ町公民館で行われる地域安全学習会について、実行委員の原さんに話を聞いています。

ひかる　「わたしたちの町の地域安全学習会は、いつから行われているのですか。」
原さん　「５年前から毎年９月に行っています。」
かれん　「参加する人は年々増えているのですか。」
原さん　「第１回から第４回までは順調に増えて、第２回は第１回の参加人数よりも３人増え、第３回は第２回よりも３人増えました。第４回は第３回よりもさらに５人増えています。」
ひかる　「第５回はどうだったのですか。」
原さん　「第５回は第１回と同じ参加人数で　　　　人でした。この５年間の参加人数の平均は２０人です。」

問題１　　　　　にあてはまる数を答えなさい。

　　ひかるさんは、第６回地域安全学習会の参加を呼びかけるポスターをつくることになり、下書き１と下書き２を見比べながら友達と話をしています。

ひかる　「下書き１から下書き２に書き直してみたよ。」

下書き１

第６回地域安全学習会のお知らせ

　　川の写真やハザードマップを見ながら大雨の時にきけんな場所や、ひなんできる場所をいっしょに確にんしましょう。
　　大人も子どももどなたでも参加できます。
　　たくさんの方の参加をお待ちしています。
　　日時は９月２日（土）の午前９時～正午までです。場所はＡ町公民館です。参加費はかかりません。８月２６日（土）までに申しこんでください。

地域安全学習会
実行委員会

下書き２

第６回地域安全学習会のお知らせ

　　川の写真やハザードマップを見ながら大雨の時にきけんな場所や、ひなんできる場所をいっしょに確にんしましょう。
　　大人も子どももどなたでも参加できます。
　　たくさんの方の参加をお待ちしています。
●日　時：９月２日（土）
　　　　　　午前９時～正午
●場　所：Ａ町公民館
●参加費：無料
●申しこみ：８月２６日（土）まで

地域安全学習会
実行委員会

たつや　「下書き２は下書き１より目立つし、情報がわかりやすくなったね。」
ひかる　「　　　　　ア　　　　　ことと
　　　　　　　　　　イ　　　　　ことが
　　　　　よかったのかな。」
かれん　「そうだね。書写の時間などで学習したことだね。第６回地域安全学習会には、たくさんの人が参加してくれるといいね。」

問題２　　ア　、　イ　にはそれぞれどのような言葉が入るでしょうか。下書き１と下書き２を比べてわかったことについて、あなたの考えを書きなさい。

ひかるさんたちは、第6回地域安全学習会に参加し、川の様子がわかる**写真**や**資料**を見ながら話をしています。

写真

ひかる　「川の**外側**と**内側**では、流れる水の速さがちがうと学んだよね。」

かれん　「そうだね。この川は大きく曲がっているから、水が流れる速さのちがいは大きいと思うよ。」

たつや　「速さのちがいから、見えていない川底の形も予想できるね。川底の形を表した4枚の**資料**を使って考えてみよう。」

資料

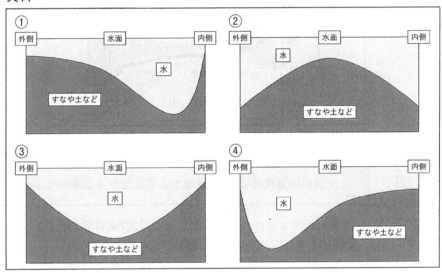

かれん　「理科の時間に学習した流れる水のはたらきから考えると**写真**の川の川底の形は、**資料** ［ ア ］ と予想できるね。」

ひかる　「そういえば、**写真**に写っている**川原**はどうして**内側**にだけできているのかな。」

かれん　「それは、［ イ ］からと考えられるね。」

ひかる　「これも流れる水の速さが関係しているね。」

問題3　［ ア ］にあてはまる番号を**資料**の①〜④から一つ選んで書きなさい。

問題4　［ イ ］にはどのような言葉が入るでしょうか。あなたの考えを書きなさい。

ひかるさんたちは、次に自分たちの町の**洪水ハザードマップ**を見て話し合っています。

たつや　「大雨によって川がはんらんして多くの被害が発生しているとニュースで見たことがあるよ。災害はいつ、わたしたちの身の回りで起きてもおかしくないね。災害から身を守るためには何に注意すればいいのかな。」

かれん　「まずは、災害の状きょうに応じてどこに避難するかを日ごろから考えておくことが大切だね。わたしたちの町の**洪水ハザードマップ**で確認してみよう。」

洪水ハザードマップ

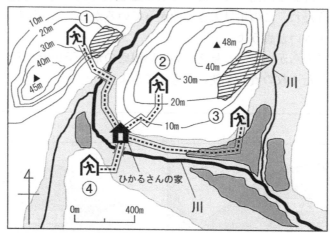

🏠 避難所	‥‥‥‥ 避難経路	▨ 浸水する可能性がある深さ　0.5m未満
〜 川	▩ 土砂災害警戒区域	▨ 浸水する可能性がある深さ　0.5m〜3m未満

ひかる　「**洪水ハザードマップ**から考えると、わたしの家は避難所④が一番近いから、避難が必要な時にはそこに避難したらいいよね。」

かれん　「避難所④は｜　　　ア　　　｜から危ないよ。避難所｜　イ　｜が他の避難所と比べて｜　　　　ウ　　　　｜から一番安全に避難できると思うよ。」

ひかる　「なるほど。避難所までのきょりだけではなく、他のいろいろな情報をよく確認した上で、一番安全な避難経路で行くことができる避難所を考えておくことが大切だね。」

問題5　｜　ア　｜～｜　ウ　｜にはどのような言葉または番号が入るでしょうか。あなたの考えを書きなさい。ただし、｜　イ　｜は**洪水ハザードマップ**の①〜④から一つ選んで書きなさい。また、｜　ウ　｜には、**洪水ハザードマップ**からわかることを二つ入れて書きなさい。

2 つばささんたちは、総合的な学習の時間に、地域で働く方にインタビューをします。

> つばささんたちは、コンピュータ関係の仕事をしている北さんにインタビューする内容を考えています。
>
> つばさ 「どんな質問をしようか。」
> みさき 「わたしは、『仕事はどのような感じですか。』と質問しようと思うよ。」
> ひろき 「ちょっと待って。それだと北さんは答えにくいから、工夫したほうがいいのではないかな。」
> みさき 「そうだね。それでは、『仕事をされてきた中で、一番うれしかったことは何ですか。』という質問ならどうかな。」
> つばさ 「いいと思うよ。答えやすくなったね。」

問題1 ひろきさんは、「北さんは答えにくいから、工夫したほうがいいのではないかな。」と言っています。答えにくい理由と、みさきさんはどのように工夫すればよいかについて、あなたの考えを書きなさい。

> つばささんたちは、北さんの話の内容をメモにとりながらそれぞれが考えていた質問をしました。
>
> 北さん 「みなさん、そろそろ終わりの時間ですが、他に質問はありませんか。」
> つばさ 「聞きのがしたことがあるので、教えていただけませんか。」
> 北さん 「どうぞ。」
> つばさ 「[   ]。」
> 北さん 「『すいすい漢字マスター』です。みなさんが使っているタブレットにも、入っていると思いますよ。」

つばささんのメモ

うれしかったこと	（北さんのかんそう）
・自分の仕事がみんなによろんでもらえた ・学習ソフト「_____」をつくった └→ ？（あとできく）	・みんながねっしんに質問してくれた ・仕事をするいぎへのかんしんのたかさにとてもかんしんした
大変なこと	
・みんなのいけんをまとめて仕事をすすめる ・つねにあたらしい知しきがひつよう	

問題2 [　　　　]にはどのような言葉が入るでしょうか。つばささんのメモを参考にして、あなたの考えを書きなさい。

問題3 つばささんのメモにある「いぎへのかんしんのたかさにとてもかんしんした」の部分を、漢字を使って適切に書きなさい。

— 4 —

つばささんたちはインタビューの後、北さんが作ったゲームをそれぞれのタブレットで遊んでみることにしました。

ゲームのスタート画面

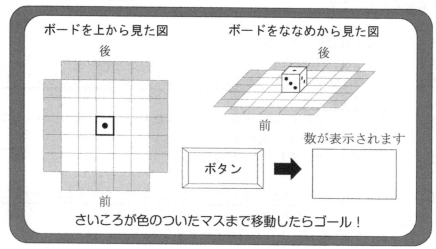

ボードを上から見た図　　　　ボードをななめから見た図

後　　　　　　　　　　　　　後

前　　　　　　　　　　　　　前

数が表示されます

ボタン　➡

さいころが色のついたマスまで移動したらゴール！

つばさ 「ゲームのスタート画面にはボードを上から見た図と、ボードをななめから見た図があるね。ボードの中心にさいころが置いてあるよ。」

みさき 「ボタンをおすと、矢印の先に1から6のうち、いずれかの数が表示されるのだね。どういうゲームなのか、ルールを確認してみよう。」

―― ルール ――
・さいころの向かい合う面の目の数の和は7とする。
・1マスの大きさはさいころの面と同じ大きさとする。
・ボタンをおして表示された数によって、さいころがたおれて移動する。
　さいころの移動は【移動のしかた】のとおりとする。

> 【移動のしかた】
> ○表示された数と同じさいころの目が上下の面にあるとき、さいころは移動しない。
> ○表示された数と同じさいころの目が側面にあるとき、その側面がマスとぴったり重なるようにとなりのマスにたおれて移動する。

つばさ 「わたしのタブレットの画面を見て【移動のしかた】をいっしょに確認しよう。最初にボタンをおして1が表示されたよ。1の目は上の面なので移動しないね。次にボタンをおすと6が表示されたよ。6の目は下の面なので、このときも移動しないね。」

みさき 「次はボタンをおして2が表示されたね。このときは、さいころの2の目の面がとなりのマスにぴったり重なるように移動したね。」

つばささんのタブレットの画面

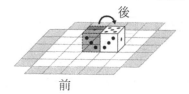

後

前

つばさ　「それでは、**ゲームのスタート画面にもど**すね。それぞれでやってみよう。」

みさき　「わたしは**ボタン**をおした回数が _____ 回でゴールしたよ。」
つばさ　「すごい、それは回数が一番少ないパターンだね。」
ひろき　「わたしは**ボタン**をおして表示された数が 4→3→5→1 の順なので、
　　　　 今、このマスにさいころが移動したよ。まだゴールできないな。」
つばさ　「わたしは**ボタン**をおして最初に 5 が表示されたよ。その後さらに**ボタン**
　　　　 を 4 回おして、最後に 4 が表示されてゴールできたよ。さいころは
　　　　 ボタンをおした後、毎回移動していたな。」
ひろき　「わたしも回数が一番少ないパターンでゴールしたいな。もう一回遊ぼうよ。」

問題４　_____ にあてはまる数を答えなさい。

問題５　ひろきさんは「今、このマスにさいころが移動した」と言っています。ひろき
　　　　さんのさいころがあるマスはどこですか。**解答用紙のボードを上から見た図**に
　　　　「○」を書き入れなさい。

問題６　つばささんがゴールしたとき、次の**ボードを上から見た図**の「★」のマスに
　　　　さいころがありました。つばささんのタブレットの画面にはどのような順で数
　　　　が表示されたと考えられますか。考えられる順番を、「5→」に続けて二つ
　　　　書きなさい。

ボードを上から見た図

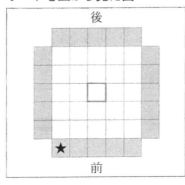

※ □ はスタート地点

3 ようこさんとおさむさんは、科学クラブの活動をしています。

　ようこさんたちは晴れた日の昼ごろに、長崎駅の新幹線ホームをさつえいしてきました。その時の**写真**を見ながら話をしています。

ようこ　「新幹線ホームは、ずいぶん明るかったね。」

おさむ　「点灯している照明が少なくて、大きな屋根でおおわれているのに不思議だね。」

写真

先　生　「よく気づきましたね。ホームを明るくするために、屋根にはとてもうすくてじょうぶな白いまくを使っているのですよ。どうしてかわかりますか。」

おさむ　「使われているまくは、　　　　　　　　　　　　　　　　という効果が高いから、晴れた日のホームは明るいのだと思います。」

先　生　「そのとおりです。このような屋根がいろいろな所で活用されています。」

問題1　　　　　　　にはどのような言葉が入るでしょうか。あなたの考えを書きなさい。

　次に、長崎県を走行している新幹線の車両について話をしています。

おさむ　「新幹線の車両は、電気のはたらきで動いているのだよね。」

ようこ　「電気はどのように流れているのかな。」

先　生　「**新幹線の電気の通り道**を簡単な**図**にしました。**変電所**から送られた電気は、**電線**や**モーター**、**レール**などを通っています。そして電気のはたらきでモーターを回して走行しているのです。」

図　新幹線の電気の通り道

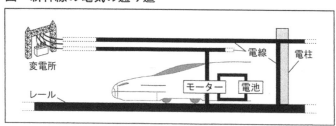

変電所　　　　　　　　　　　　　　　　電線　　電柱

モーター　電池

レール

おさむ　「車両の外から電気が流れてくることを初めて知りました。」

ようこ　「これだと車両にのせてある**電池**は必要ないと思います。」

先　生　「そうですね。通常、**電池**ははたらいていません。なぜ車両に**電池**がのせられていると思いますか。」

おさむ　「図をもとに考えると、　　　　　　　　　　　　　　　　　ためでしょうか。」

先　生　「よくわかりましたね。これは世界でも最先端の試みなのです。」

問題2　　　　　　　にはどのような言葉が入るでしょうか。あなたの考えを書きなさい。

別の日にようこさんたちは、学校で育てている植物について話をしています。

ようこ　「畑にカボチャの黄色い花がさいているね。」

おさむ　「カボチャの花には、おばなとめばながあって、おばなの花粉がめばなのめしべの先につくと実ができるよ。」

ようこ　「先生、カボチャの花粉は、どのような形をしているのか調べてみたいです。」

先　生　「それでは、けんび鏡で観察してみましょう。」

けんび鏡

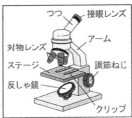

つつ　接眼レンズ
対物レンズ　アーム
ステージ　調節ねじ
反しゃ鏡　クリップ

おさむ　「あれ。操作をまちがえたかな。暗いし、花粉が小さくてよく見えないな。」

ようこ　「わたしの観察した花粉を見て。明るくて表面の様子もくわしく見えるよ。」

おさむ　「ようこさんのようにするには、　　　ア　　　ことと　　　イ　　　ことが必要なのかな。」

ようこ　「そうね。さらに調節ねじを回して、はっきり見えたところで止めるといいよ。」

問題3　下の図1と図2は、おさむさんとようこさんが観察した様子です。図1、図2をもとに、明るくて表面の様子もくわしく見えるように、　ア　と　イ　に入る適切なけんび鏡の操作方法について、けんび鏡の各部分の名前をそれぞれ一つずつ使って書きなさい。

図1　おさむさんが観察した様子　　　図2　ようこさんが観察した様子

次にようこさんたちは、マツについて話をしています。

マツ

先　生　「これがマツの花のおばなとめばなですよ。少しふってみましょう。」

ようこ　「おばなから、けむりみたいなものが広がりました。」

先　生　「このけむりみたいなものは、マツの花粉ですよ。」

ようこ　「カボチャのおばなをふってもマツのように花粉は出ませんでした。」

先　生　「マツもおばなの花粉がめばなに受粉しますが、どうしてこのようなちがいがあると思いますか。」

おさむ　「マツは、花粉が　　　　　　　　ことで受粉するからだと思います。」

先　生　「そうですね。それぞれの受粉の方法から考えることができましたね。」

問題4　　　　　　　にはどのような言葉が入るでしょうか。あなたの考えを書きなさい。

4　なおこさんとお姉さんは、長崎県外から遊びに来ている親せきのあやこさんと出かけています。

> なおこ　「今日は風が気持ちいいね。」
> あやこ　「さわやかな天気だね。向こうに大きな風車が見えるよ。」
> お姉さん　「あれは風力発電の風車だよ。長崎県では、自然の力を利用した発電にも取り組んでいるよ。このような発電方法は、長崎県に限らず日本各地にあるみたいだね。」
> なおこ　「自然の力を利用する発電方法に取り組む理由は、持続可能な社会づくりのためだと学習したよ。」
> あやこ　「他にも何か理由があるのかな。」
> なおこ　「日本には、天然ガスや石油などの　　　　　　　　　　からだと思うよ。」

問題1　　　　　　　　にはどのような言葉が入るでしょうか。あなたの考えを書きなさい。

> あやこ　「長崎県は海がきれいだね。向こうに見える島の海岸はとても入り組んでいるね。」
> なおこ　「そうだね。長崎にはたくさんの島があって、島の形もさまざまだよ。」
> お姉さん　「わたしが長崎県のホームページで調べたら、長崎県の海岸線の長さは島もふくめて約４１６６km あって、全国の海岸線の長さの約１２％にあたるそうよ。」
> あやこ　「そうすると、日本全国の海岸線の長さは、約　　　　　　km になるね。」

問題2　　　　　　　にあてはまる数を、**小数第１位を四捨五入して整数で**答えなさい。

なおこさんたちは、伝統的なハタと呼ばれる凧を作っている森さんを訪問して、色つけ体験をすることにしました。

森さん　　「今日は二つのハタに色つけ体験をしてもらいます。では、今配った一つ目のハタに、筆と絵の具で色をつけていきましょう。下地の白い紙に赤と青を色つけして、3色の縞模様に仕上げましょう。」

なおこ　　「どこにどの色をつければいいですか。」

森さん　　「初めて体験する人には、真ん中には色をつけずに白のままにすることをおすすめしています。」

あやこ　　「それはなぜですか。」

森さん　　「真ん中を白のままにすると、真ん中以外の色つけがしやすくなり、きれいに仕上がる人が多いからですよ。」

なおこ　　「わたしは真ん中を白のままにして作ってみよう。」

あやこ　　「三人とも真ん中を白にすると、必ず同じ縞模様ができてしまうよね。」

お姉さん　「それでは、二人は真ん中を白にして、わたしは左上を白にして作ってみましょうか。」

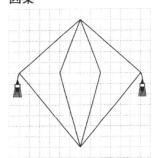
一つ目のハタ

問題3　森さんは「真ん中を白のままにすると、真ん中以外の色つけがしやすくなり、きれいに仕上がる」と言っています。なぜ真ん中を白のままにすると、真ん中以外の色つけがしやすくなり、きれいに仕上がるのでしょうか。その理由について、あなたの考えを書きなさい。

問題4　あやこさんは「三人とも真ん中を白にすると、必ず同じ縞模様ができてしまう」と言っています。なぜ三人とも真ん中を白にすると、必ず同じ縞模様ができてしまうのでしょうか。その理由について、あなたの考えを書きなさい。

なおこ　　「一つ目のハタは上手にできて楽しかったな。」

森さん　　「みなさんきれいにできましたね。二つ目のハタは、みなさんで模様を考えて3色でぬり分けてみませんか。」

お姉さん　「一つ目のハタは、3色の縞模様の広さがちがっていたね。」

あやこ　　「次は、色分けした部分のそれぞれの面積が同じになるようにしたいな。」

なおこ　　「この図案のようにすると色分けした部分が同じ面積になるよね。」

あやこ　　「どうしてそうなるのかな。」

なおこ　　「[　　　　　　　　　　　]」

あやこ　　「なるほど。その模様でぬり分けてみるね。」

図案

問題5　[　　　]にはどのような説明が入るでしょうか。解答用紙の図案に説明に必要な直線をひき、あなたの考えを書きなさい。解答用紙の図案に説明のための文字や数字を書き入れてもかまいません。ただし、図案の点線（　　）は、ハタの模様の大きさをわかりやすくするために、等しい間かくでひいたものであり、模様ではありません。

令和六年度県立中学校入学者選抜作文問題

（四十五分）

問題

　「だれもが笑顔で過ごせる学級や学校」にするために、友人や先生などと協力してできる（ひとりではできない）ことを提案しなさい。

　ただし、次の【条件】にしたがって、五百字以上六百字以内で解答用紙に書きなさい。

【条件】

　一、協力してできる（ひとりではできない）提案であること。

　二、次の三つの内容について説明すること。

　　・提案する理由　　・提案の長所　　・提案の困難な点

【注意】

　一、題名や名前は書かないこと。

　二、原こう用紙の一行目から書き始めること。

　三、必要に応じて、段落に分けて書くこと。

受検番号

1	問題1			人

問題1．6点　　問題2．4点×2
問題3．3点　　問題4．6点
問題5．ア．5点　イ．3点　ウ．6点

	問題2	ア	
		イ	
	問題3	ア	
	問題4	イ	
	問題5	ア	
		イ	
		ウ	

○

受検番号

○

2	問題1	
	問題2	
	問題3	
	問題4	回

問題1．5点　　問題2．5点
問題3．6点　　問題4．4点
問題5．7点　　問題6．10点

	問題5	ボードを上から見た図

後

前

※ □ はスタート地点

	問題6	5 →（　　　）→（　　　）→（　　　）→ 4
		5 →（　　　）→（　　　）→（　　　）→ 4

受検番号 □

解答用紙　令和六年度県立中学校入学者選抜作文

※70点満点

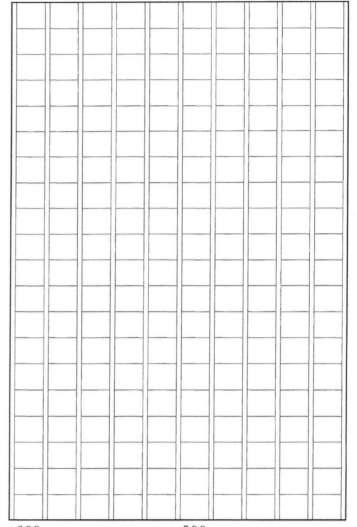

K 教英出版

令和５年度

県立中学校入学者選抜

適 性 検 査 問 題

長 崎 東 中 学 校
佐 世 保 北 中 学 校
諫早高等学校附属中学校

―――― 《 注　意 》 ――――

1　「はじめ」の合図で書き始めます。それまで、この問題冊子を開いてはいけません。

2　問題冊子は、１ページから１０ページまであります。

3　中に、解答用紙が、１枚入っています。答えは、すべて解答用紙に記入してください。

4　「はじめ」の合図があったら、まず、受検番号を、問題冊子と解答用紙の受検番号のらんに書いてください。

5　印刷がはっきりしなくて読めないときや、体の具合が悪くなったときは、だまって手をあげてください。

6　検査中は、話し合い、わき見、音をたてること、声を出して読むことなどをしてはいけません。

7　検査時間は６０分です。

8　「やめ」の合図で、えんぴつを置き、解答用紙は机の上に置いて、教室から出てください。

1 あきらさんたちは、雨の日に学校で話をしています。

登校後の教室で、あきらさんたちは、外を見ながら話をしています。

あきら 「雨がザーザー降っているね。ぬれたろう下はつるつるして危なかったな。」

つとむ 「そうだね。風で窓がカタカタ鳴っていて、すきま風でカーテンがゆらゆらゆれているよ。」

さつき 「二人とも、同じひびきがくり返される言葉を使っているね。」

つとむ 「これらの言葉は、この表のように大きく二つに分けられると学習したよ。」

さつき 「表のAの言葉には、＿＿＿＿＿＿＿＿＿という特ちょうがあって、片仮名で書くことが多いね。」

あきら 「それなら、『手をパチパチたたく。』の『パチパチ』は、表のAに入るね。」

表

A	ザーザー カタカタ
B	つるつる ゆらゆら

問題1 ＿＿＿＿＿＿にはどのような言葉が入るでしょうか。あなたの考えを書きなさい。

1時間目の休み時間、あきらさんたちは、児童げん関やろう下の様子について話をしています。

あきら 「今日の児童げん関やろう下はぬれていて、とてもよごれていたね。」

つとむ 「雨のせいだね。そういえば、先生から今日のお昼の放送で連らくする内容のメモをもらったよ。」

メモ

```
・午後から、日ごろお世話になっている地域の人たちが来る。
・しっかりとそうじをすること。
・きれいな学校にしてむかえること。
```

つとむ 「このメモの内容を、放送原こうにしてみよう。」

さつき 「そうだね。放送原こうは『今日は午後から、日ごろお世話になっている地域の方々が来られます。しっかりとそうじをして、きれいな学校にしておむかえしましょう。』でどうかな。」

あきら 「いいね。ちなみに『来られる』以外にも『来る』の尊敬語には『＿＿＿＿＿＿＿＿＿＿』という言い方があるね。」

つとむ 「どちらの言い方でもしっかり伝わりそうだね。」

問題2 ＿＿＿＿＿＿にはどのような言葉が入るでしょうか。あなたの考えを一つ書きなさい。

あきらさんたちは、雨の量について調べ学習をしています。

さつき　「気象庁のホームページで調べると、雨の量は、降った雨がどこにも流れ去らずに、そのままたまった場合の水の深さで表し、単位は mm（ミリメートル）を使うそうだよ。」

あきら　「確かに、天気予報で『1時間に何ミリの雨が……』って聞いたことがあるね。どうやって測るのだろう。」

つとむ　「雨の量は、**転倒ます型雨量計**という機器で測っているそうだよ。雨水が片方のますにたまると、シーソーのようにますがかたむいてたおれ、すぐにもう片方のますに入れかわって0.5mmずつ測っていくらしいよ。」

転倒ます型雨量計

ます

さつき　「その、かたむいてたおれた回数で雨の量を測るのだね。1時間に10回かたむいてたおれたとしたら、1時間に降った雨の量は0.5×10＝5で5mmとなるね。」

先　生　「長崎県では、1982年に長浦岳で1時間に153mmの雨の量が記録されたのですよ。」

あきら　「そんなに降ったのですか。」

さつき　「その場合、ますは約　　　　　秒に1回のペースでかたむいてたおれたことになりますね。」

問題3　　　　　にあてはまる数を、**四捨五入して上から2けたのがい数**にして答えなさい。

　雨は昼過ぎにやみました。夕方には雲は消えて、夕焼け空が広がっています。

あきら　「すっかり晴れたね。秋の空ってきれいだね。」

さつき　「見て、もうすぐ太陽がしずみそうだよ。雲一つないきれいな夕焼けだね。」

つとむ　「そうだね。夕焼けが見えるということは、明日の天気はたぶん晴れだね。」

あきら　「どうして夕焼けが見えると明日は晴れだと思うの。」

さつき　「**日本付近の天気の変化**からわかるのではないかな。」

つとむ　「そうだよ。　　　　　　　　　　　　　　　　　から、明日は晴れだと思うのだよ。」

問題4　　　　　には、どのような言葉が入るでしょうか。**日本付近の天気の変化**にふれながら、あなたの考えを書きなさい。

2 さとしさんとしずかさんは資源を大切にすることについて話をしています。

さとしさんたちは、教室で**ポスター**を見ながら話をしています。

ポスター

さとし　「ふだんの生活の中で、資源を大切にする工夫はたくさんあるよね。わたしもポスターを作って、みんなによびかけたいな。」

しずか　「わたしも作りたい。この**ポスター**には資源を大切にして環境を守るための具体的な行動のよびかけと、その行動がどのようにリデュースにつながるかが書かれているよね。この**ポスター**を参考にして作るといいね。」

さとし　「わたしたちはリデュース以外で作ってみよう。」

資源を大切にして
環境を守ろう

☆具体的な行動

**給食は食べる前に
量を調節しましょう**

★そうすることで

食べ残しの量を減らすことができます

これをリデュースといいます

しずか　「わたしは**リユース**をよびかけるポスターの下書きを作ってみたよ。」

さとし　「わたしは**リサイクル**をよびかけるポスターの下書きを作ってみたよ。」

リユースをよびかけるポスターの下書き

資源を大切にして
環境を守ろう

☆具体的な行動

サイズが小さくなった服は
必要としている人にゆずりましょう

★そうすることで

その服を捨てることなく、長く使う
（着る）ことができます

これをリユースといいます

リサイクルをよびかけるポスターの下書き

資源を大切にして
環境を守ろう

☆具体的な行動

ア

★そうすることで

イ

これをリサイクルといいます

しずか　「では、ポスターを完成させてみんなによびかけよう。」

問題1　　ア　、　イ　にはそれぞれどのような言葉が入るでしょうか。あなたの考えを書きなさい。ただし、　ア　は、リサイクルにつながる具体的な行動のよびかけを書き、　イ　は、　ア　の行動がどのようにリサイクルにつながるかを書きなさい。

さとしさんたちは、通学路にあるリサイクル工場で使われている電磁石に興味をもち、先生と実験をすることにしました。

さとし　「工場では、クレーンの先の磁石に多くの鉄が引きつけられていたよ。」

しずか　「使われている磁石は、電磁石だね。」

先　生　「電磁石の実験をしてみますか。」

さとし　「してみたいです。」

先　生　「ここに実験器具のセットを用意しました。**一人分のセットには、１００回まきの電磁石が１個、２００回まきの電磁石が１個、かん電池が２個**入っています。まず、１００回まきの電磁石と２個のかん電池を使うという条件で、回路を作ってみましょう。作ることができたら、クリップを用意しているので、その電磁石がクリップをいくつくらい引きつけることができるか実験をしてみましょう。それぞれ自分の考えでやってみてください。」

さとし　「すごい。電磁石にクリップが引きつけられているよ。」

しずか　「わたしの電磁石にもクリップがついたよ。」

さとし　「電流の大きさが変われば、電磁石の強さが変わるのかな。」

しずか　「その考えを確かめるためには、条件を変えて、　ウ　回まきの電磁石と　エ　個のかん電池を使って実験をしないといけないね。」

さとし　「その条件で２回目の実験をやってみよう。」

先　生　「２回目の実験の結果は、１回目と比べるとどうでしたか。」

さとし　「引きつけられたクリップの数が変わりました。」

しずか　「わたしの方はクリップの数が変わりませんでした。どうしてわたしとさとしさんの結果にちがいが出たのかな。」

さとし　「わたしとしずかさんとでは、１回目の実験の方法がちがっていたのではないかな。しずかさんは、　オ　から、クリップの数が変わらなかったのだと思うよ。」

しずか　「なるほど。方法を変えて１回目の実験をやり直してみるね。」

しずか　「やってみたら、さとしさんと同じようにクリップの数が変わったよ。」

先　生　「実験の方法を見直すことは大切ですね。」

※１００回まきの電磁石とは、１００回まきコイルに鉄しんを入れたものです。

問題２　　ウ　、　エ　にそれぞれあてはまる数を答えなさい。

問題３　　オ　にはどのような言葉が入るでしょうか。あなたの考えを書きなさい。

3 きよみさんたちは、ゆうりさんの家で夏休みの予定について話をしています。

　ゆうりさんは、夏休みに北海道のおじいさんの家に行く予定です。おじいさんから送られてきた**2枚の地図**をもとにして、A駅からおじいさんの家までの道のりを計算することにしました。

ゆうり　「どの道を通っていけばよいか、道順をおじいさんが点線（ ┅┅➤ ）で示してくれているよ。」

きよみ　「**地図1**と**地図2**を使ってA駅からおじいさんの家までの道のりを調べてみよう。」

ゆうり　「**地図1**上の点線の長さは、**5.8cm**だよ。」

とうや　「**地図2**には、市役所からおじいさんの家までの道がくわしくのっているよ。**地図2**上の点線の長さは、**16.5cm**だよ。」

ゆうり　「ということは、A駅からおじいさんの家までの道のりを計算すると、
　　　　　　□ kmだね。」

地図1　**A駅から市役所までの道順**

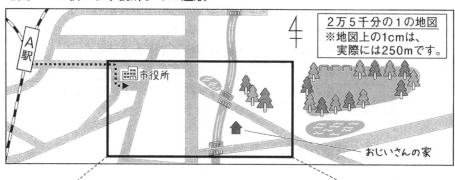

地図2　**市役所からおじいさんの家までの道順**

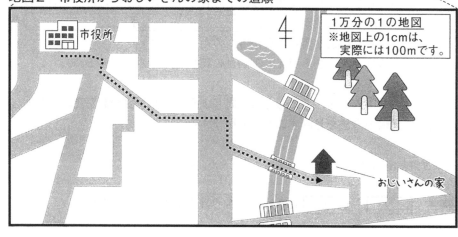

問題1　□ にあてはまる数を答えなさい。

とうやさんは、ゆうりさんの部屋にかざってある、おじいさんの家の前でとった写真を見ています。

とうや　「おじいさんの家のげん関は、外側にもう一つのドアがあって、二重になっているよ。どうして、このようなつくりなのかな。」

ゆうり　「おじいさんが住む北海道では、**ドアが二重のげん関**をよく見かけるよ。げん関のドアが二重になっているのは、

　　　　　□□□□□□□□□□□□ためだよ。」

とうや　「なるほど。地域の特ちょうによって、家のつくりにも工夫があるね。」

ドアが二重のげん関

問題2　　□□□□にはどのような言葉が入るでしょうか。あなたの考えを書きなさい。

　続けて、きよみさんが話しています。

きよみ　「わたしは、おばあさんの誕生日が近いから、手作りのプレゼントを持って遊びに行くつもりだよ。」

ゆうり　「何をプレゼントするの。」

きよみ　「ランチョンマットとかべかざりだよ。ランチョンマットは家にあった**布**で、ミシンを使って作るよ。」

とうや　「ちょうどよい大きさだね。**布はし**がほつれているから、**三つ折り**にしてぬうといいね。」

ゆうり　「三つ折りにした部分をぬうときは、**内側**をぬわないといけないね。以前、**外側**をぬってやり直したことがあるんだ。」

きよみ　「わかった。そうするね。見た目もきれいで、すてきなプレゼントになるね。」

布

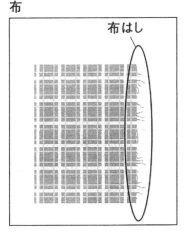

布はし

三つ折り

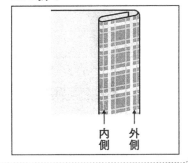

内　　外
側　　側

問題3　ゆうりさんは「三つ折りにした部分をぬうときは、**内側**をぬわないといけない」と言っています。なぜ**内側**をぬわないといけないのでしょうか。あなたの考えを書きなさい。

きよみさんたちの話は続いています。

きよみ　「かべかざりは折り紙を使った二種類の切り紙で作るよ。」
とうや　「その切り紙はどうやって作るの。作り方を教えてよ。」
きよみ　「まずは、折り紙を折って六つ折りを作る。次に、**切り取り線**をかき入れ
　　　　て、その線に沿って切る。そうしたら、**切り紙１の模様**ができあがるよ。」

切り紙１の作り方

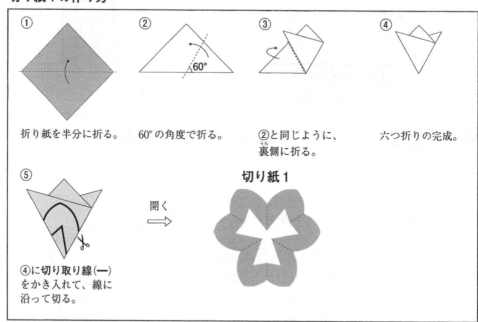

とうや　「なるほど。切り方を工夫すると、好きな模様にできるね。」
きよみ　「**切り紙２**はこのような模様にするつもりだけど、**図案**には、**切り取り線**
　　　　がもう１か所必要だよ。わかるかな。」

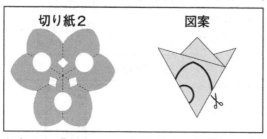

とうや　「わかった。**切り紙２の模様**にするためには、**図案**にこのような切り取り
　　　　線をかき加えるといいね。」

※**切り紙１**と**切り紙２**の点線（………）は折り目を表したものです。

問題４　とうやさんは「このような**切り取り線**をかき加えるといい」と言っています。
　　　　どのような**切り取り線**をかき加えるとよいでしょうか。解答用紙の**図案**に、
　　　　実線（——）でかき加えなさい。
　　　　　ただし、問題用紙や解答用紙を折ったり切ったりしてはいけません。

4 なつみさんとたけしさんは、夏休みの学習に取り組んでいます。

> なつみさんたちは、福祉について調べるために介護施設を訪れました。
>
> 施設の人　「私たちの施設では、利用者の自立支援や、介護職員の負担軽減に役立
> 　　　　　　てるために、見守り支援機器などの介護ロボットを導入しています。」
> なつみ　　「なぜ、介護ロボットを導入することにしたのですか。」
> 施設の人　「将来、介護職員の数は不足していくと予想されるからです。
> 　　　　　　この表を見てください。」
>
> 表　予想される長崎県の介護職員数の変化
>
> | | ⓐ２０２３年度 | ⓑ２０４０年度 | 増加数(ⓑ－ⓐ) |
> |---|---|---|---|
> | ①予想される
　介護職員の必要数(人) | ２９,２１１ | ３１,８７３ | ２,６６２ |
> | ②予想される
　介護職員の数　(人) | ２８,０７７ | ２９,２０５ | １,１２８ |
> | 差(①－②) | １,１３４ | ２,６６８ | |
>
> （厚生労働省「第8期介護保険事業計画に基づく介護職員の必要数（都道府県別）」をもとに作成）
>
> たけし　　「表から ＿＿＿＿＿＿＿＿＿＿ ことが分かるので、
> 　　　　　　介護職員の数は不足していくと予想されるのですね。」
> 施設の人　「そのとおりです。だから、介護ロボットの導入や開発が進められてい
> 　　　　　　るのですよ。」

問題1　＿＿＿＿＿ にはどのような言葉が入るでしょうか。あなたの考えを書きなさい。

なつみさんたちは、なつみさんの家に移動して夏休みの作品作りについて話をしています。

たけし　「今年の夏休みは、どんな作品を作るの。」
なつみ　「私の理想の公園を模型にしてみようと考えているの。土台は芝生がしきつめられているように緑色にしたいと思っているの。」
たけし　「そうしたら、土台に模様をつけてみたらどうかな。東京オリンピックのときによく見かけた市松模様に張られた芝生もあるよ。」
なつみ　「それはいいね。でも、どうやって作ればいいのかな。」
たけし　「土台に、2色の同じ大きさの正方形を交互にしきつめてはどうかな。」

市松模様

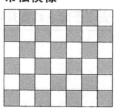

問題2　縦78cm、横96cmの長方形の土台に、すき間なくきれいにしきつめることができる正方形のうち、一番大きな正方形の1辺の長さを答えなさい。

　なつみさんたちは、ジャングルジムの模型の作り方について話をしています。

なつみ　「土台が完成したら、ジャングルジムの模型を作ろうかな。4cmのひごを使うね。でも、ひごはどうやってつなぎ合わせようかな。」
たけし　「つなぎ合わせる部分の周りをねんど玉で固定して作ってみたらどうかな。立方体を一つ作ってみるよ。」（図1）
なつみ　「私は二つの立方体を横に組み合わせたものを作ってみるね。」（図2）
たけし　「上に立方体を積み重ねるときは、下の段の立方体の真上に立方体がくるように組み合わせよう。」（図3）

図1　たけしさんが作った立方体

図2　なつみさんが作った二つの立方体を横に組み合わせたもの

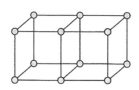

図3　立方体を真上に組み合わせたもの

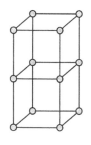

なつみ　「こうやって立方体を組み合わせていけ
　　　　ばジャングルジムの模型ができるね。
　　　　作ろうと思っているジャングルジムの
　　　　模型は、立方体を縦に５列、横に５列
　　　　組み合わせたものを上に４段積み重ね
　　　　て、さらにその上に、縦に３列、横に
　　　　３列組み合わせたものを１段積み重ね
　　　　て、全部で５段の形にしたいな。」

図４

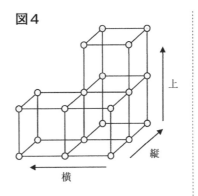

上

縦

横

※立方体の組み合わせ方は図４のとおりです。

問題３　なつみさんが作ろうとしているジャングルジムの模型は、１辺が４cmの立
　　　　　方体が全部でいくつ組み合わさったものになるか答えなさい。

なつみ　「ジャングルジムの模型を完成させるためには、ひごとねんど玉をたくさ
　　　　ん準備しないといけないね。」
たけし　「一つの立方体を作るのに、ひごを１２本、ねんど玉を８個使ったよ。」
なつみ　「二つの立方体を組み合わせたものを作ったら、ひごが２０本、ねんど玉
　　　　が１２個必要だったよ。」
たけし　「ジャングルジムの模型を完成させるためには、ひごとねんど玉は、全部
　　　　でいくつ必要かな。」

なつみ　「計算したら、ひごは　　ア　　本、ねんど玉は　　イ　　個必要になるよ。」

問題４　　ア　　、　　イ　　にそれぞれあてはまる数を答えなさい。

令和五年度県立中学校入学者選抜作文問題

（四十五分）

受検番号

　次のグラフ１は「マスクを着けると話し方や態度などが変わることがあると思いますか」という質問に対する調査結果です。また、グラフ２は「どのような点で変わることがあると思いますか」という質問に対する調査結果の一部を示したものです。

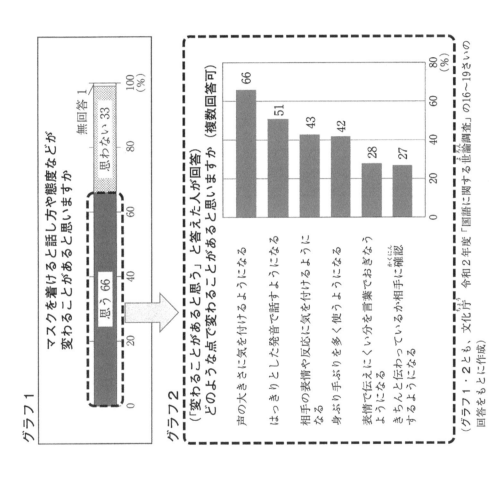

グラフ１

マスクを着けると話し方や態度などが
変わることがあると思いますか

思う 66　　思わない 33　　無回答 1

0　20　40　60　80　100（％）

グラフ２

（「変わることがあると思う」と答えた人が回答）
どのような点で変わることがあると思いますか（複数回答可）

66　声の大きさに気を付けるようになる

51　はっきりとした発音で話すようになる

43　相手の表情や反応に気を付けるようになる

42　身ぶり手ぶりを多く使うようになる

28　表情で伝えにくい分をきちんと伝わっているか相手に確認するようになる

27　きちんと伝わっているか相手に確認するようになる

0　20　40　60　80（％）

（グラフ１・２とも、文化庁　令和２年度「国語に関する世論調査」の16〜19さいの回答をもとに作成）

問題

　「あなたが相手とうまくコミュニケーションをとるために必要だと思うこと」について、感じたり考えたりしたことを、次の【条件】に合わせて解答用紙に書きなさい。

問題１．６点　問題２．６点　問題３．８点　問題４．９点

1	問題1	
	問題2	
	問題3	秒
	問題4	

○

受検番号

○

問題１．６点×２　問題２．８点　問題３．９点

2	問題1	ア
		イ
	問題2	ウ　回まき
		エ　個
	問題3	オ

解答用紙　令和五年度県立中学校入学者選抜作文

※70点満点

受検番号

【解答

問題1．7点　問題2．7点　問題3．7点　問題4．9点

3	問題1	km
	問題2	
	問題3	
	問題4	図案

問題1．9点　問題2．7点　問題3．8点　問題4．9点×2

4	問題1		
	問題2		cm
	問題3		個
	問題4	ア	本
		イ	個

600　　　　　　500

600　　　　　　500

【条件】

一、グラフ1とグラフ2から読み取れたことを書くこと。

二、マスクに関することに限らず、**自分の経験**と関連させて書くこと。

三、**五百字以上六百字以内**で書くこと。

【注意】

一、題名や名前は書かないこと。

二、原こう用紙の一行目から書き始めること。

三、必要に応じて、段落（だんらく）に分けて書くこと。

四、数字や記号を記入するときには **（例）** のように書くこと。

（例）

10
％

令和４年度

県立中学校入学者選抜

適 性 検 査 問 題

長 崎 東 中 学 校
佐 世 保 北 中 学 校
諫早高等学校附属中学校

1 はやとさんは、れいかさんの家に遊びに来ています。

　はやとさんたちは、朝食を作った話をしています。

はやと　「今日は、わたしが朝食を作って家族にも食べてもらったよ。」
れいか　「すごいね。何を作ったの。」
はやと　「ごはん、ゆで卵、こまつなのおひたし、だいこんのみそしるを作ったよ。」
れいか　「主食、主菜、副菜、しる物がそろっていて、いい組み合わせだね。」
はやと　「家族にも、『野菜も入っていて栄養のバランスがいい』と言われたよ。」
れいか　「野菜は種類や部位によって、ゆで方がちがうと授業で習ったよ。」
はやと　「そういえば、ゆでたこまつなの色が悪くなって、おいしそうな見た目に
　　　　仕上がらなくて残念だったな。」
れいか　「色よく仕上げるには、　　　　　　　　　　　　　ことが必要だね。」

問題1　　　　　にはどのような言葉が入るでしょうか。あなたの考えを二つ書きな
　　　さい。

　はやとさんたちは、朝食作りにかかった時間について話をしています。

はやと　「今日は早起きをして作り始めたのだけれど、おかずが
　　　　でき上がるまでに時間がかかったよ。同じ材料を使っ
　　　　たおかずを、もっと短い時間で作り上げることはでき
　　　　ないかな。」
れいか　「ゆで卵を前の日の夜に作るのはどうかな。」
はやと　「なるほど。でも、作り置きではなく、朝の調理をする
　　　　時間の中で考えたいな。」
れいか　「卵かけごはんやサラダのように、生のままで食べるの
　　　　はどうかな。」
はやと　「それはいいね。でも、一度熱を加える場合はどうした
　　　　らいいのかな。今朝と同じように主菜は卵、副菜はこ
　　　　まつな、しる物はだいこんを使って作ろうと思うのだ
　　　　けれど、加熱時間を短くするために、何かいい工夫は
　　　　ないかな。」
れいか　「例えば、　ア　を
　　　　　　　　　　イ　　　　　　ことで、加熱時間
　　　　を短くできるのではないかな。」
はやと　「ありがとう。今度ためしてみるよ。」

問題2　　ア　、　イ　にはそれぞれどのような言葉が入るでしょうか。あなた
　　　の考えを書きなさい。ただし、　ア　には、卵、こまつな、だいこんから一つ
　　　選び、書きなさい。

はやとさんたちは、朝食について思ったことを話しています。

れいか　「ところで、家族の反応はどうだったの。」

はやと　「喜んでくれたよ。そして、お父さんに、よくかんで食べるといいと言われたよ。やってみたら、ごはんは、かめばかむほどあまく感じられたよ。」

れいか　「あまくなったのは、ごはんにふくまれる　　　　　　　　　　　　　ことで別のものに変化したからだね。」

問題3　　　　　　にはどのような言葉が入るでしょうか。下のA群から一つ、B群から一つ言葉を選び、それらを用いてあなたの考えを書きなさい。

A群：	たんぱく質	うま味	でんぷん	塩分
A群：	たんぱく質	うま味	でんぷん	塩分
B群：	ヨウ素液	だ液	水分	だし

はやとさんたちは、朝食作りに使った材料について話をしています。

はやと　「今日の朝食で使っただいこんは、家の畑で育てたものだよ。」

れいか　「それは、おいしかっただろうね。わたしも、だいこんを育てたことがあるよ。だいこんを観察していろいろなことに気づいたので、**だいこんの写真**をとって、〈気づき〉を**観察ノート**にまとめたよ。」

だいこんの写真

観察ノート

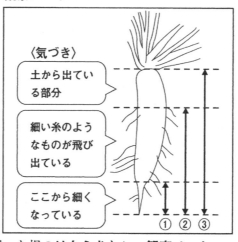

〈気づき〉
土から出ている部分
細い糸のようなものが飛び出ている
ここから細くなっている
① ② ③

はやと　「どこが根なのかな。授業で習った根の**はたらき**とこの**観察ノート**の〈気づき〉から考えると、

　　　　　　　　　　　　　　　　ウ　　　　　　　　　　　　　　　　から、だいこんの根は、　エ　の部分だと思うよ。」

れいか　「そうだね。根には大事な**はたらき**があるのだね。」

問題4　　ウ　、　エ　にはどのような言葉または番号が入るでしょうか。あなたの考えを書きなさい。ただし、　ウ　は根の**はたらき**にふれながら書き、　エ　は**観察ノート**の①〜③から一つ選び、番号で答えなさい。

2 なるみさんの学級では、自然災害で避難する場合に備えて調べ学習をしています。

なるみさんたちは、自分たちの学校が避難所になっていることを知り、避難時に不便なことがないか、学校を調べることにしました。

なるみ 「たくさんの人が避難してくるから、赤ちゃんや子ども、高齢者、車いすの人など、配慮が必要な人がいらっしゃるかもしれないね。」

まさや 「車いすの人が、体育館の入り口の階段をのぼり降りするのは大変だね。」

たくま 「そうだよね。ここにスロープがあるといいよね。タブレットで調べてみようよ。」

しずか 「**タブレットの画面**を見て。これを参考に考えてみよう。」

タブレットの画面

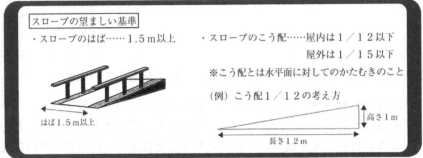

（国土交通省「バリアフリー法」リーフレットをもとに作成）

たくま 「体育館の入り口の階段は屋外にあり、地面から一番上までの高さが４８cmだよ。」

まさや 「この入り口にスロープをつけるとしたら、どれくらいの地面の広さが必要なのかな。」

なるみ 「計算してみると、地面の広さは最低でもはば１.５m、長さ [　　　] mは必要だね。」

問題1 [　　　] にあてはまる数を答えなさい。

なるみさんたちは、児童げん関に向かっています。その途中、しずかさんが転んでしまいました。

しずか 「ひざをすりむいてしまったよ。」

まさや 「大丈夫かな。すぐに、傷口の砂や土を水できれいに洗い流したほうがいいよ。」

なるみ 「そうだね。砂や土をきれいに取りのぞくことで、[　　　　　　　　　　] ことができるからね。」

しずか 「ありがとう。そうするね。」

問題2 [　　　] にはどのような言葉が入るでしょうか。あなたの考えを書きなさい。

教室にもどったなるみさんたちは、「実際に避難した人たちが困ったこと」という記事を読みながら、話し合っています。

なるみ　「『避難所で一番困ったことは、トイレの数が少ないこと』だそうだよ。」
しずか　「わたしたちの小学校も、体育館のトイレの数が少ないよね。」
まさや　「わたしたちに何かできることはないかな。」
たくま　「調べたことをまとめて、校長先生に**手紙**を書いてみようよ。」

手紙の一部

> 　わたしたちは、学校が避難所になったときに備えて調べ学習をしています。「実際に避難した人たちが困ったこと」という記事には、「避難所で一番困ったことは、トイレの数が少ないこと」だと書いてありました。
> 　また、昨日、わたしは避難所のようすを伝えるニュースで、<u>たくさんのトイレの数が少ないので、人が並んでいたのを見ます</u>。わたしたちの学校が避難所になったときに、記事やニュースのように困る人が出るかもしれません。
> 　もう少し体育館のトイレの数を増やすことはできませんか。よろしくお願いします。

なるみ　「書けたね。『昨日、わたしは避難所のようすを伝えるニュースで、<u>たくさんのトイレの数が少ないので、人が並んでいたのを見ます。</u>』のところは、
　　　　　[＿＿＿＿＿＿＿＿＿＿＿＿＿＿＿＿＿＿＿＿]と
　　　　　書きかえてはどうかな。」
しずか　「そうすると、正しく伝わるね。」

問題3　[＿＿＿＿＿]にはどのような言葉が入るでしょうか。───線を引いた部分を「昨日、わたしは避難所のようすを伝えるニュースで、」に続くように、書きかえなさい。

　なるみさんたちは、調べ学習を終えて、家に帰っています。

なるみ　「あれを見て。避難所を示した**表示板**があるよ。」
たくま　「絵や記号が使われていて、わかりやすいね。」
しずか　「でも、地域に住んでいるもっと多くの人に内容を理解してもらうためには、工夫するところがあるのではないかな。」
まさや　「そうだね。例えば、この**表示板**で考えてみると、
　　　　　[＿＿＿＿＿＿＿＿＿＿＿]ことで、もっと多くの人に内容を理解してもらえるようになるね。」

表示板

問題4　[＿＿＿＿＿]にはどのような言葉が入るでしょうか。あなたの考えを書きなさい。

3 こうたさんたちの学級では、総合的な学習の時間で、持続可能な社会の実現へ向けた取り組みについて調べています。

こうたさんたちのグループは、環境問題（かんきょう）に注目し、自動車会社で働く森さんに話を聞いています。

こうた 「最近は、どのような自動車を開発されていますか。」
森さん 「電気自動車や燃料電池自動車の開発を進めています。
　　　　なぜだかわかりますか。」
ともこ 「ガソリンを燃やさないことで、<u>二酸化炭素をはい出しないため、環境にやさしい</u>からですね。」
森さん 「そうです。二酸化炭素の増加の原因は、ほかに火力発電や森林ばっ採もありますが、自動車会社としてできることに取り組んでいます。」
こうた 「お話を聞いて、環境問題を解決し、持続可能な社会にしていくために、つくる側の責任を果たそうとされていることがわかりました。」

問題1 ともこさんは、「二酸化炭素をはい出しないため、環境にやさしい」と言っています。なぜ、二酸化炭素をはい出しないことが環境にやさしいのでしょうか。あなたの考えを書きなさい。

こうたさんたちは、ものが燃えるしくみに興味をもち、先生と実験をしています。

こうた 「ものが燃えるときに、まわりの空気は、どのように変化するのだろう。」
ともこ 「空気は、ちっ素、酸素、二酸化炭素などの気体が混じり合ってできていると学習したね。これらの体積の割合（わりあい）は変化するのかな。」
先　生 「**図1**のように、集気びんの中に火のついたろうそくを入れてふたをし、酸素と二酸化炭素の体積の割合を**気体センサー**で調べ、６０秒ごとの変化を**グラフ**にしましょう。」

図1

気体センサー

グラフ　酸素と二酸化炭素の体積の割合

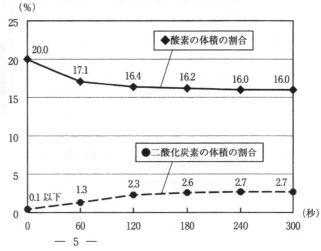

ともこ　「**グラフ**から、酸素と二酸化炭素の体積の割合が変化したことがわかるよ。」

こうた　「ろうそくを集気びんに入れて、２４０秒たったときに火が消えたね。体積の割合の変化が、火が消えたことに関係しているのかな。」

先　生　「よく気づきましたね。では次に、下の**図２**を見てください。」

図２

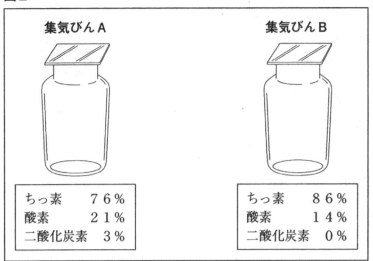

集気びんＡ		集気びんＢ	
ちっ素	７６％	ちっ素	８６％
酸素	２１％	酸素	１４％
二酸化炭素	３％	二酸化炭素	０％

先　生　「**集気びんＡ**に入っている気体は、ちっ素７６％、酸素２１％、二酸化炭素３％です。**集気びんＢ**に入っている気体は、ちっ素８６％、酸素１４％、二酸化炭素０％です。それぞれの集気びんの中で、ろうそくは燃えると思いますか。**グラフ**とこれまでに**学習したこと**を参考にして考えてみましょう。」

これまでに学習したこと

・酸素には、ものを燃やすはたらきがある。
・二酸化炭素とちっ素には、ものを燃やすはたらきがない。

こうた　「ろうそくは、　　ア　　と思います。
　　　　　理由は、　　　　　　　　　イ　　　　　　　　　　です。」

先　生　「そのとおりです。」

問題２　　　ア　　、　　イ　　にはそれぞれどのような言葉が入るでしょうか。あなたの考えを書きなさい。ただし、　　ア　　には次の①〜④から**一つ**選び、番号で答えなさい。

①　**集気びんＡと集気びんＢ**の、どちらの中でも燃える

②　**集気びんＡ**の中では燃えるが、**集気びんＢ**の中では燃えない

③　**集気びんＡ**の中では燃えないが、**集気びんＢ**の中では燃える

④　**集気びんＡと集気びんＢ**の、どちらの中でも燃えない

あんりさんたちのグループは、本来食べられるはずのものが捨てられてしまう食品ロスの問題に注目し、スーパーマーケットに来て調べています。

あんり　「野菜コーナーをよく見てみると、キャベツ
　　　　　が１玉のものだけでなく、半分や４等分に
　　　　　切ったものも売られているよ。」
はるま　「たまねぎも、１ふくろ３個入りのものと、
　　　　　１個ずつのものがあるよ。どうして同じ野
　　　　　菜なのに、売り方がちがうのかな。」
ももか　「わたしたちが [　　　　　　　　　　　　] ようにするため
　　　　　ではないかな。」
あんり　「そのような買い方をすると、家庭での食品ロスを減らすことができるね。」

問題３　[　　] にはどのような言葉が入るでしょうか。あなたの考えを書きなさい。

　あんりさんたちは、別の売り場を見ています。

はるま　「乳製品（にゅうせいひん）のコーナーには、たくさんの牛乳が並（なら）べてあるよ。」
ももか　「売り場の横には、**ポスター**がはられているよ。」
あんり　「手前に置かれているものを買うこと
　　　　　が、どうして食品ロスを減らすこと
　　　　　につながるのかな。」
はるま　「わかった。同じ商品でも、手前から
　　　　　順に [　　ウ　　] もの
　　　　　が置かれているね。だから、わたし
　　　　　たちが手前から買うと、お店では
　　　　　[　　　　エ　　　　]
　　　　　ことになるからではないかな。」
ももか　「わたしたちの買い方で、お店での食品ロスも減らすことができるね。」
あんり　「持続可能な社会にしていくためには、買う側の責任を考えることも大切
　　　　　なのだね。」

ポスター

手前から買う
（てまえ　か）
も立派（りっぱ）な貢献（こうけん）。
一緒（いっしょ）に食品ロス（しょくひん）を減（へ）らすことに
取（と）り組（く）みましょう。

（農林水産省の啓発（けいはつ）ポスターをもとに作成）

問題４　[　ウ　]、[　エ　] にはそれぞれどのような言葉が入るでしょうか。あなたの考えを書きなさい。

4 つばささんたちは、地域の方々が開さいするイベントに参加しています。

つばささんたちは、東さんの茶畑で、茶つみ体験に参加しました。

つばさ 「大小さまざまな茶畑があったけれど、みんなで手分けしてたくさんの
　　　　茶葉をつむことができたね。」
まさと 「楽しかったよね。みんな、どれくらい茶葉をつむことができたかな。」

つばさ 「わたしがつんだ茶葉は、ちぐささんより多かったよ。」
けいじ 「わたしがつんだ茶葉は、まさとさんより少なかったよ。」
あすか 「わたしがつんだ茶葉は、ちぐささんより多かったよ。」
ちぐさ 「わたしがつんだ茶葉は、けいじさんより多かったよ。」
まさと 「わたしがつんだ茶葉は、あすかさんより少なかったよ。」

つばさ 「つんだ茶葉が一番多かったのは
　　　　だれなのかな。」
まさと 「これだけの情報では、まだ判断
　　　　できないのではないかな。

　　　　ということがわかれば判断でき
　　　　るね。」

東さん 「今日は参加してくれてありがとう。このあと、おいしいお茶のいれ方を
　　　　教えるので、ぜひ、ご家族にもお茶をふるまってみてください。」

問題1 「大小」のように、反対の意味を持つ漢字の組み合わせで、二つの漢字の画数
　　　が同じである二字の熟語を、「大小」以外で二つ書きなさい。

問題2 　　　　　にはどのような言葉が入るでしょうか。茶葉をつんだ五人（つばさ、
　　　けいじ、あすか、ちぐさ、まさと）のうちの**二人の名前を使って**、あなたの考え
　　　を書きなさい。ただし、三人以上の名前を使ってはいけません。

つばささんたちは、公民館に移動し、東さんから教えてもらった**おいしいお茶のいれ方**をノートにまとめました。

おいしいお茶のいれ方

まず、ふっとうしたお湯を人数分の湯のみにそれぞれ8割（わり）ほど入れて1分から1分30秒冷ます。

また、そうすることで、必要なお湯の量を同時に量ることもできる。

次に、きゅうすに一人あたり2〜3グラムの茶葉を入れる。茶葉の量を自分の好みで調節してもよい。

それから、湯のみに入れたお湯をきゅうすに注ぎ、しばらく待つ。ここできゅうすをゆすると、お茶の中に苦みの成分が出るので注意する。

最後に、きゅうすのお茶を少しずつ順番に注ぎ分け、どの湯のみのお茶も同じこさと量になるようにする。きゅうすにお茶が残らないように気をつける。

なお、おいしいお茶をいれるために、使う水にも気を配るとよい。ミネラル分の少ない水の方が、お茶本来のかおりを楽しむことができる。

つばさ 「**おいしいお茶のいれ方**には ア つの手順があるね。『まず』や『それから』などの順序を表す言葉を使ってまとめてみたよ。」

まさと 「でも、 イ というところが、具体的にどれくらいの時間なのかよくわからないよ。」

つばさ 「そうだね。もう一度東さんに確認（かくにん）してみよう。」

問題3 ア 、 イ にはどのような数または言葉が入るでしょうか。あなたの考えを書きなさい。ただし、 ア は数を書き、 イ は**おいしいお茶のいれ方**の中から**5文字以内**の言葉をぬき出して書きなさい。

つばささんたちは、クイズコーナーに行き、担当（たんとう）の高田さんと話をしています。

クイズ①：下の**ルール**に従（したが）って、◯＋△＝11の◯と△にあてはまる数を探（さが）して式を完成させよう。

クイズ②：下の**ルール**に従って、◯＋△＋☆＝12の◯と△と☆にあてはまる数を探して式を完成させよう。

── **ルール** ──

・1から10までの整数から探すこと。

・同じ数は使わないこと。

・◯、△、☆の数は小さい順になるようにすること。

つばさ 「**クイズ①**の答えは、1＋10＝11、2＋9＝11、3＋8＝11、4＋7＝11、5＋6＝11の5つの式かな。6＋5＝11などは◯が△より大きくなっているから、**ルール**に合わないよね。」

高田さん 「そう、その5つの式で正解だね。では、**クイズ②**はどうかな。」

まさと 「まず◯に入る数を1として、**表**を作って整理してみるよ。△＋☆＝11となるので、**ルール**に注意して**クイズ①**と同じように考えてみよう。」

表

○に入る数	△＋☆＝１１	○＋△＋☆＝１２
	２＋９＝１１	１＋２＋９＝１２
１	３＋８＝１１	１＋３＋８＝１２
	４＋７＝１１	１＋４＋７＝１２
	５＋６＝１１	１＋５＋６＝１２

まさと　「○に１を入れるとき、答えは１＋２＋９＝１２、　１＋３＋８＝１２、
　　　　　１＋４＋７＝１２、１＋５＋６＝１２の４つの式だね。」

はるな　「次は○に入る数を２として、答えを探してみよう。あとも同じよう
　　　　　にして順に考えれば、**クイズ②**の答えは見つかりそうだよ。」

高田さん　「答えは全部で７つあるよ。すべて見つけてね。」

問題４　クイズ②の答えで、１＋２＋９＝１２、１＋３＋８＝１２、１＋４＋７＝１２、
１＋５＋６＝１２以外の３つの式をすべて答えなさい。

高田さんが、もうひとつクイズを出してくれました。

最終クイズ：クイズ②で、１から１０の中から３つの数を取りのぞくと、残り
の数では○＋△＋☆＝１２という式が作れなくなる。そのよ
うになる【取りのぞく３つの数】をすべて見つけよう。

まさと　「【取りのぞく３つの数】が１と２と３のときは、残りの数は４から１０
　　　　　なので、○＋△＋☆＝１２という式は作れないね。」

つばさ　「【取りのぞく３つの数】が１と２と４のときも、残りの数では○＋
　　　　　△＋☆＝１２という式は作れないね。でも、【取りのぞく３つの数】
　　　　　が２と３と４のときは、残りの数で１＋５＋６＝１２という式が作れ
　　　　　るよ。どう探していけばいいのかな。」

高田さん　「ここでヒントだよ。**クイズ②**で○＋△＋☆＝１２となる式が７つ
　　　　　あったよね。その７つの式がすべて作れなくなるように【取りのぞく
　　　　　３つの数】を決めてみよう。」

まさと　「よし、**クイズ②**の答えの式を並べて、もう一度考えてみよう。」

高田さん　「がんばっているね。ではスペシャルヒントだよ。**クイズ②**の答えを見
　　　　　てみると、１が入る式が４つあったね。１を取りのぞくと、その４つ
　　　　　の式はもう作れない。あと２つの数を取りのぞいて、残りの式もすべ
　　　　　て作れなくなるようにしてみてね。」

はるな　「なるほど。そうやって考えていくと、答えがわかったよ。
　　　　　【取りのぞく３つの数】は、１と２と３、１と２と４、　ウ　、
　　　　　エ　、　オ　、　カ　の６つだね。」

高田さん　「すばらしいね。正解だ。よくがんばったね。」

問題５　　ウ　～　カ　にあてはまる【取りのぞく３つの数】を答えなさい。

令和四年度県立中学校入学者選抜作文問題

（四十五分）

受検番号

　次のグラフ1は「あなたはボランティア活動に興味がありますか」という質問に対する調査結果です。また、グラフ2は「あなたがボランティア活動に興味が『ある』のは、どのような気持ちからですか」という質問に対する調査結果の一部を示したものです。

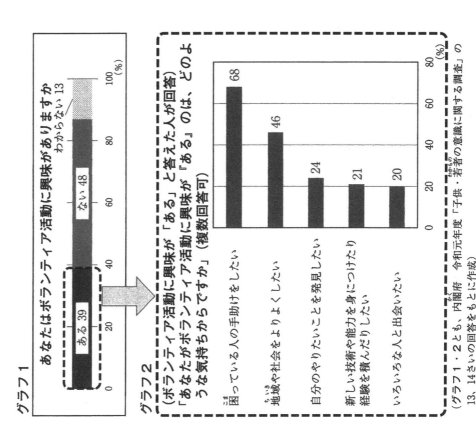

グラフ1

あなたはボランティア活動に興味がありますか

ある 39　　ない 48　　わからない 13

0　　20　　40　　60　　80　　100（%）

グラフ2

（ボランティア活動に興味が「ある」と答えた人が回答）

「あなたがボランティア活動に興味が『ある』のは、どのような気持ちからですか」（複数回答可）

困っている人の手助けをしたい　68
地域や社会をよりよくしたい　46
自分のやりたいことを発見したい　24
新しい技術や能力を身につけたり経験を積んだりしたい　21
いろいろな人と出会いたい　20

0　　20　　40　　60　　80（%）

（グラフ1・2とも、内閣府　令和元年度「子供・若者の意識に関する調査」の13、14歳の回答をもとに作成）

問題

　「ボランティア活動に取り組むこと」について、あなたが感じたり考えたりしたことを、次の【条件】に合わせて解答用紙に書きなさい。

【条件】

一、グラフ1とグラフ2から読み取れたことと関連させて書くこと。

二、五百字以上六百字以内で書くこと。

問題１．４点×２　問題２．６点　問題３．６点　問題４．ウ．６点　エ．３点

1	問題1		
	問題2	ア	
		イ	
	問題3		
	問題4	ウ	
		エ	

受検番号

問題１．７点　問題２．６点　問題３．７点　問題４．７点

2	問題1	m
	問題2	
	問題3	昨日、わたしは避難所のようすを伝えるニュースで、
	問題4	

※70点満点

受検番号

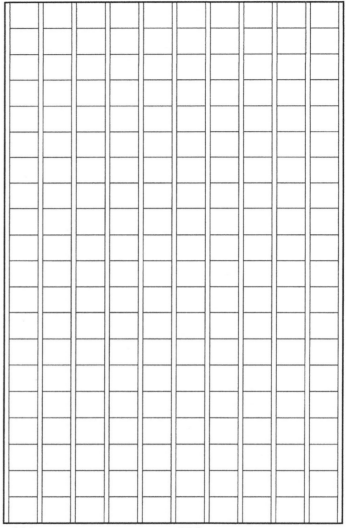

600 500

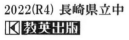

3

問題1. 6点 問題2. ア. 3点 イ. 7点 問題3. 6点 問題4. 6点×2

問題1		
問題2	ア	
	イ	
問題3		
問題4	ウ	
	エ	

4

問題1. 3点×2 問題2. 6点 問題3. ア. 4点 イ. 3点 問題4. 3点×3 問題5. 3点×4

問題1	ア			イ		
問題2						
問題3		= 12				
問題4		= 12				
		= 12				
問題5	ウ	と	と	エ	と	と
	オ	と	と	カ	と	と

受検番号 □

令和3年度

県立中学校入学者選抜

適 性 検 査 問 題

長 崎 東 中 学 校
佐 世 保 北 中 学 校
諫早高等学校附属中学校

──── 《 注 意 》 ────

1 「はじめ」の合図で書き始めます。それまで、この問題冊子を開いて
はいけません。

2 問題冊子は、1ページから10ページまであります。

3 中に、解答用紙が、1枚入っています。答えは、すべて解答用紙に
記入してください。

4 「はじめ」の合図があったら、まず、受検番号を、問題冊子と解答用紙
の受検番号のらんに書いてください。

5 印刷がはっきりしなくて読めないときや、体の具合が悪くなったときは、
だまって手をあげてください。

6 検査中は、話し合い、わき見、音をたてること、声を出して読むこと
などをしてはいけません。

7 検査時間は**60分**です。

8 「やめ」の合図で、えんぴつを置き、問題冊子と解答用紙は、机の上
に置いて、教室から出てください。

1 みさとさんとはるきさんは、教室で話をしています。

みさとさんは、はるきさんにおつかいで買い物へ行ったときの話をしています。

みさと　「昨日、家の近くのスーパーマーケットへ買い物
　　　　　に行ったよ。」
はるき　「何を買ったのかな。」
みさと　「とうふ、ハム、そして卵。きちんと表示を確
　　　　　かめて買ったよ。商品にはいろいろな表示が
　　　　　ついているね。」
はるき　「期限の表示には、２種類あるよね。」
みさと　「わたしが買ったとうふには、消費期限という表示がついていたよ。その
　　　　　表示の意味は、
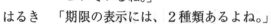
　　　　　ということだったよね。」

問題1　　　　　　の中の空らんにはそれぞれどのような言葉が入るでしょうか。あな
たの考えを書きなさい。

みさとさんたちは、おつかいの話を続けています。

みさと　「買ってきたとうふやハムを買い物ぶくろから取り出したら、周りに水てき
　　　　　がついてぬれていたよ。」
はるき　「冷やして売られていたものを買って帰ると、家に着いたときには表面に
　　　　　水てきがついていることがあるね。」
みさと　「どうしてかな。」
はるき　「それは、　　　　　　　ア　　　　　　　からだよ。同じよう
　　　　　なことが、日常生活のほかの場面でもみられるよ。」
みさと　「そうだね。例えば、　　　　　　イ　　　　　　ことなど
　　　　　がそれにあたるね。」

問題2　　ア　、　イ　にはそれぞれどのような言葉が入るでしょうか。あなた
の考えを書きなさい。

みさとさんたちは、おつかいの話から話題を広げています。

みさと　「とうふと言えば、『とうふにかすがい』ということわざがあるね。」
はるき　「昨日、ろう下でさわいでいる人がいたから注意したけれど、何回言って
　　　　も『とうふにかすがい』で注意したかいがなかったな。」
みさと　「そういうふうに使えるね。ことわざに関することだけど、こんなことが
　　　　あったよ。友達と公園で待ち合わせをしていて、おくれそうだったので、
　　　　お母さんに教えてもらった近道を通って行こうとしたら、道に迷って、
　　　　いつも以上に時間がかかってしまったよ。最初から知っている道を行け
　　　　ばよかったな。このとき『　　　　ウ　　　　』ということわざが
　　　　頭にうかんだよ。」
はるき　「なるほど。ことわざを使って表現できる場面はたくさんあるね。」
みさと　「ほかにどんな場面があるかな。」
はるき　「この前、『さるも木から落ちる』と言えるできごともあったよ。
　　　　　　　　　　　　　エ　　　　　　　　　　というできごとだよ。」
みさと　「本当にことわざどおりの場面だね。探してみるといろいろ見つかるね。」
※かすがい…二つの材木をつなぎとめるために打ちこむ、コの字の形をしたくぎ

問題3　　ウ　　にあてはまることわざを**一つ**書きなさい。

問題4　　エ　　に入るできごととして、適切な例を考えて書きなさい。ただし、こ
　　とわざの表現をそのまま用いてはいけません。

　　みさとさんたちの話題は、今日の時間割に移りました。

はるき　「今日は算数の後に体育があるね。」
みさと　「体育は好きだけど、着がえるのに時間がかかるよね。」
はるき　「でも、体育の時間に体育着を着るのには理由があると思うよ。」
みさと　「そうか。体育着を着ていると　　　　オ　　　　からね。それ
　　　　に、あせをかくことやよごれることを気にしなくていいね。」
はるき　「そうだね。そして体育の後は給食だね。」
みさと　「そういえば、給食の配ぜんをするときに給食着を着る
　　　　よね。何のためかな。」
はるき　「それは、　　　　カ　　　　ためだよ。それ
　　　　に、服がよごれることも防いでいるね。」
みさと　「わたしたちが着ている服にはいろいろなはたらきがあ
　　　　るから、目的に合わせて着るといいね。」

問題5　　オ　、　カ　にはそれぞれどのような言葉が入るでしょうか。あなた
　　の考えを書きなさい。

2 かおりさんたちの学級では、グループに分かれて自然環境について学習しています。

かおりさんたちのグループは、自然環境を守る取り組みについて調べるため、環境科学館で担当の林さんの話を聞いています。

林さん 「最近では、プラスチックごみによる海洋汚染が注目されています。**資料**を見てください。これは、それぞれの海岸で回収されたペットボトルを、ラベルなどに書かれていた文字をもとに分類してグラフにし、地図上に示したものです。文字が読み取れないものは、不明としています。」

資料

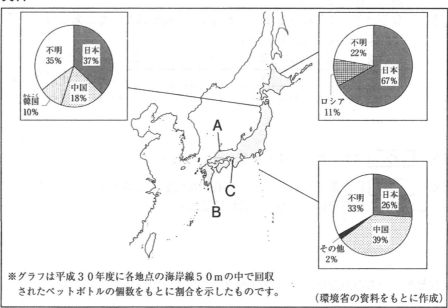

※グラフは平成３０年度に各地点の海岸線５０ｍの中で回収
　されたペットボトルの個数をもとに割合を示したものです。

（環境省の資料をもとに作成）

かおり 「日本のものだけでなく、周りの国のものも回収されているのですね。」
としき 「なぜ、日本の海岸に周りの国のものがあるのかな。」
かおり 「　ア　や　イ　などのえいきょうで運ばれてきたからだと考えられるよ。」
林さん 「そうですね。それらのえいきょうを考えると、**資料**のＡ、Ｂ、Ｃの海岸で回収されたペットボトルのことを表しているグラフは、それぞれ次の①、②、③のどれかわかりますか。」

① 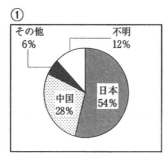　② 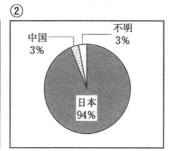　③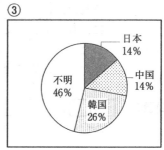

としき　「Aが　ウ　、Bが　エ　、Cが　オ　です。」

林さん　「そのとおりです。ごみによる海洋汚染の問題を解決するには、わたした
　　　　ち一人一人がごみを減らしたり、海岸のそうじを行ったりするだけでは
　　　　なく、周りの国と協力することも必要ですね。」

問題１　　ア　、　イ　にはそれぞれどのような言葉が入るでしょうか。あなた
　　　の考えを書きなさい。

問題２　　ウ　〜　オ　にあてはまる番号を①〜③からそれぞれ選び、答えなさい。

　　　かおりさんたちは、引き続き林さんの話を聞いています。

林さん　「自然環境を守るために、２０２０年の７月に始まった新しい取り組みを
　　　　知っていますか。」

としき　「レジぶくろの有料化ですね。」

林さん　「そのとおりです。レジぶくろのようなプラスチックごみは、海中や海底
　　　　にもありますが、海岸で回収されたものについて示した次のグラフを見
　　　　てください。レジぶくろとして多く使われているものがポリぶくろです。」

グラフ　海岸で回収されたプラスチックごみの割合

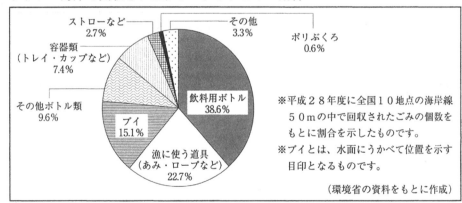

（環境省の資料をもとに作成）

かおり　「海岸で回収されたプラスチックごみの中で、ポリぶくろは０.６％です
　　　　ね。レジぶくろを有料にしても、ごみを減らす効果は小さいのではない
　　　　ですか。」

林さん　「よく気がつきましたね。レジぶくろの有料化には、プラスチックごみを
　　　　減らすきっかけとして、みなさんの生活に身近なレジぶくろの利用につ
　　　　いて考えてもらうという意味もあるのですよ。」

としき　「**グラフのポリぶくろ以外にも注目すると**、できるだけプラスチックごみを
　　　　出さないようにするために、わたしたちにできる身近なことは何かな。」

かおり　「　　　　　　　　　　　　　　　　　　　　ことが考えられるね。」

問題３　　　　　　　にはどのような言葉が入るでしょうか。あなたの考えを書きなさい。

たかしさんたちのグループは、自然災害を防ぐ取り組みについて調べるため、長崎県庁で担当の西さんと話をしています。

たかし　「大雨によって川がはんらんしたというニュースを見ることがありますが、これまでにどのような水害がありましたか。」

西さん　「１９８２年の７月には長崎大水害が起きました。このとき、長崎市の中島川（なかしまがわ）にかかる眼鏡橋（めがね）の一部も流されてしまいました。」

たかし　「その後、どのような対策（たいさく）を行ったのですか。」

西さん　「再建した眼鏡橋を守り、川のはんらんを防ぐため、**写真１**、**写真２**のように中島川の両側に水路を作る工夫をしたのです。」

写真１　眼鏡橋付近の上流からの様子　　**写真２　眼鏡橋付近の下流からの様子**

※写真１、写真２にある矢印は、川の流れの向きを示しています。

せいや　「その工夫で、どうして眼鏡橋を守ることができるのかな。」

たかし　「両側に水路を作ったことで ◻︎◻︎◻︎◻︎◻︎ から、眼鏡橋が流されることを防ぐことができるのですね。」

西さん　「そのとおりです。」

問題４　　◻︎◻︎◻︎◻︎ にはどのような言葉が入るでしょうか。あなたの考えを書きなさい。

たかしさんたちは、引き続き西さんと話をしています。

西さん　「長崎大水害が起きた当時は、離島部（りとう）は別として、長崎県内のどこかで大雨が予想されると県全体を対象に注意報や警報（けいほう）を発表していました。」

たかし　「その方法ではとても広いはんいを対象としているので、大雨警報が出されていても、それほど雨が降（ふ）らない地域（ちいき）もあったのではないですか。」

西さん　「そのとおりです。現在は気象予報の精度が上がり、長崎県内にある２１の市や町ごとに注意報や警報が出されるように改善（かいぜん）されました。」

せいや　「大雨に関する地域ごとの正確な情報を手に入れることができるようになったことで、わたしたちは ◻︎◻︎◻︎◻︎◻︎ ことができますね。」

問題５　　◻︎◻︎◻︎◻︎ にはどのような言葉が入るでしょうか。あなたの考えを書きなさい。

3 みなこさんは、休日を家族と過ごしています。

みなこさんは、お父さんの運転する車で出かけることになり、目的地に向かう途中、橋をわたっています。

みなこ　　「橋をわたり始めたときに、大きな音がしたよ。」

お父さん　「橋の**つなぎ目**を通ったからだよ。橋の両はしと真ん中に**つなぎ目**があるから、あと2回大きな音がするよ。真ん中の**つなぎ目**を通ってから最後の**つなぎ目**を通るまでの時間を計ってごらん。」

みなこさんたちがわたった橋　　　　　　　　**つなぎ目の拡大図**

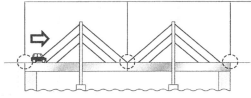

すき間

※ ◯ は橋のつなぎ目の位置を示しています。
　真ん中のつなぎ目から両はしのつなぎ目までは等しい長さです。

みなこ　　「18秒だったよ。」

お父さん　「橋をわたる間はずっと時速45kmで走っていたから、計った時間を使って計算すると、この橋の全体の長さは何mになるかな。」

みなこ　　「計算してみるね。できた。　　　　　mになるね。」

問題1　　　　　にあてはまる数を答えなさい。また、具体的な**数**や**式**を用いて求め方も書きなさい。

みなこさんとお父さんは、会話を続けています。

お父さん　「ところで、多くの部分が鉄などの金属で作られている橋の**つなぎ目**には、必ず**すき間**があるのだよ。どうしてかわかるかな。」

みなこ　　「どうしてだろう。」

お父さん　「金属の性質に注目して、考えてみよう。」

みなこ　　「そうか。　　　　　　　　　　　　　　　　　　　　から、**すき間**をつくる必要があるのだね。」

問題2　　　　　にはどのような言葉が入るでしょうか。あなたの考えを書きなさい。

家に帰った後、みなこさんと妹のあかりさんは、宿題に取り組んでいます。

みなこ　「**国語辞典**で何を調べているの。」
あかり　「『料理の**うで**が**立つ**』という言葉の意味を調べているよ。」
みなこ　「**うで**と**立つ**のそれぞれの意味を調べて考えてみよう。」

国語辞典（一部分のみ）

た・つ【立つ】
① 縦にまっすぐになる。起き上がる。
② 上へのぼる。上方に高くなる。
③ ある位置を離れる。
④ 世間に広まる。知れわたる。
⑤ 一段とすぐれる。よくできる。
⑥ 気持ちが高ぶる。
⑦ 確かなものになる。決まる。
⑧ 用にたえる。
…

うで【腕】
① 人間の肩から手首までの部分で、衣服の袖がおおうところ。
② サルなどの前足やイカ・タコなどのあし。
③ てこや、てんびんなどで支点から力点までの横棒。
④ わん力。
⑤ 仕事をする能力。技能。力量。
…

（国語辞典をもとに作成）

あかり　「どちらの言葉もいろいろな意味をもっているね。」
みなこ　「**うで**と**立つ**のそれぞれの意味から適切なものを選んで組み合わせるとわかりそうだね。」
あかり　「なるほど。『料理の**うで**が**立つ**』の場合は、　　　**ア**　　　という意味になるのだね。それにしても**立つ**には、こんなにもたくさんの意味があるのだね。」
みなこ　「日常生活の中には、**立つ**のそれぞれの意味を使った言葉がたくさんあるよ。例えば、①番の意味で使われているものとして『茶柱が**立つ**』と言うよね。」
あかり　「『料理の**うで**が**立つ**』や『茶柱が**立つ**』以外の意味で**立つ**が使われている言葉には、どのようなものがあるかな。」
みなこ　「例えば、　**イ**　番の意味を使ったものでは、『　　**ウ**　　』という言葉があるよね。」

問題３　　**ア**　にはどのような言葉が入るでしょうか。**うで**と**立つ**、それぞれの**国語辞典**の言葉を使って、『料理の**うで**が**立つ**』の意味を書きなさい。

問題４　　**イ**　には国語辞典の**立つ**の意味の中から番号を一つ選んで書きなさい。
　　　また、　**ウ**　には選んだ番号の意味にあてはまるように、**立つ**を使った言葉を一つ書きなさい。

4 たくみさんの学級では、お楽しみ会の準備をしています。

　　たくみさんとのりこさんは、お楽しみ会で長崎県産品コーナーをつくり、ミカンとナシを実際に見せてしょうかいすることにしました。
　　準備のために果物屋へ行くと、ミカンとナシの盛り合わせがＡセットとＢセットの２種類で売られていました。

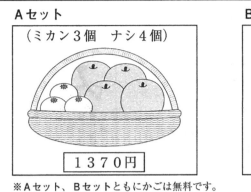
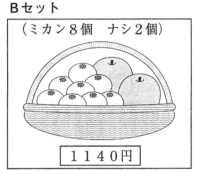

Ａセット
（ミカン３個　ナシ４個）
１３７０円

Ｂセット
（ミカン８個　ナシ２個）
１１４０円

※Ａセット、Ｂセットともにかごは無料です。

たくみ　「ミカン１個の値段と、ナシ１個の値段はいくらかな。」
のりこ　「どのミカンも１個の値段が同じで、どのナシも１個の値段が同じだと考
　　　　えて、メモのように計算したら、ミカン１個とナシ１個のそれぞれの値
　　　　段を求めることができたよ。」

メモ

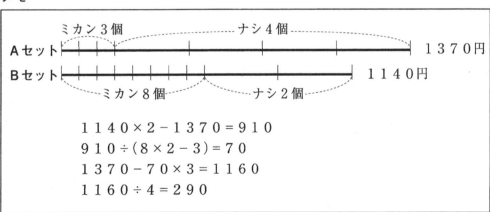

ミカン３個　　　　　　　　ナシ４個
Ａセット　　　　　　　　　　　　　　　　　１３７０円
Ｂセット　　　　　　　　　　　　　　　　　１１４０円
ミカン８個　　　　　ナシ２個

$$1140 \times 2 - 1370 = 910$$
$$910 \div (8 \times 2 - 3) = 70$$
$$1370 - 70 \times 3 = 1160$$
$$1160 \div 4 = 290$$

たくみ　「メモに１１４０×２－１３７０＝９１０という式を書いているよね。こ
　　　　の式を書いた理由を説明してくれないかな。」
のりこ　「いいよ。　　　　　　　　　　　　　　　　　　　　　　　　　
　　　　と考えたのだよ。」
たくみ　「なるほど。まず、果物の数に注目して求めたのだね。」

問題１　　　　　　　にはどのような言葉が入るでしょうか。あなたの考えを書きなさい。

のりこさんは、お楽しみ会に向けて会場の題字を書く係になりました。**下書き**と
清書を比べながら、田中先生と話をしています。

下書き　　清書

お楽しみ会

田中先生　「筆を使っていねいに書くことができ
　　　　　　ましたね。**下書き**でも、とめ、はね、
　　　　　　はらいなど一つ一つの文字がしっかり
　　　　　　書けていましたが、**清書**のほうがバラ
　　　　　　ンスよく書けていますね。」
のりこ　　「**清書**では、より読みやすく、全体のバ
　　　　　　ランスをとるために、

ア

ことと

イ

ことに
　　　　　　気をつけて書きました。」
田中先生　「書写の時間に学習したことを生かすこ
　　　　　　とで、すてきな題字ができましたね。」

問題2　　**ア**　、　**イ**　にはそれぞれどのような言葉が入るでしょうか。**下書き**
　　　　と**清書**を比べてわかったことから、あなたの考えを書きなさい。

　　じょうじさんたちは、お楽しみ会で出すクイズについて話し合っています。教室
には、**2020年11月のカレンダー**がかかっています。

じょうじ　「今月は1日が日曜日だったね。」
よしお　　「近所の映画館は毎月1日に入場料金が
　　　　　　割引になるから、家族で映画を見に
　　　　　　行ったよ。」
るいか　　「それはいいね。ちなみに来月の1日は
　　　　　　火曜日だね。**カレンダー**を見なくても
　　　　　　わかるよ。」
よしお　　「どうしてわかるの。」
るいか　　「11月は30日まであるよね。30を7でわるとあまりが2だから、
　　　　　　12月1日は日曜日の2日後の火曜日だということがわかるよ。」
よしお　　「なるほど。では、2021年で1日が日曜日になるのは何月かな。」
るいか　　「それをクイズにしよう。月ごとの日数と、日数を7でわったあまりを
　　　　　　表にまとめてみたよ。」

**2020年11月の
カレンダー**

日	月	火	水	木	金	土
1	2	3	4	5	6	7
8	9	10	11	12	13	14
15	16	17	18	19	20	21
22	23	24	25	26	27	28
29	30					

**表　2020年11月から2021年12月までの、月ごとの日数と日数を7で
わったあまり**

月	11月	12月	1月	2月	3月	4月	5月	6月	7月	8月	9月	10月	11月	12月
日　数	30	31	31	28	31	30	31	30	31	31	30	31	30	31
日数を7でわったあまり	2	3	3	0	3	2	3	2	3	3	2	3	2	3

じょうじ　「この**表**から考えると、２０２１年８月１日は日曜日だということがわ
　　　　　　かるね。」

よしお　　「どうしてわかるの。」

じょうじ　「**表**の日数を７でわったあまりを使って説明するね。

```

```

　　　　　　から、２０２１年８月１日は、２０２０年１１月１日と同じ日曜日だ
　　　　　　ということがわかるよ。」

問題3　　　　　　にはどのような言葉が入るでしょうか。具体的な**数**や**式**を用いて、
　　　　あなたの考えを書きなさい。

　　じょうじさんたちは、田中先生の誕生日について話をしています。

じょうじ　「お楽しみ会がある日は、田中先生の２４さいの誕生日だ。」

よしお　　「お楽しみ会は来週の水曜日だから、田中先生が何曜日に生まれたのか
　　　　　　がわかるね。これをクイズにするのはどうかな。」

るいか　　「それはいいね。さっそく答えを求めよう。」

よしお　　「まず、田中先生の生まれた日が、お楽しみ会がある日の何日前かを計
　　　　　　算しよう。この２４年間に２月２９日は６回あったから、

> ２４年間の日数 ＝（３６５×１８＋３６６×６）日

　　　　　　と表すことができる。今から計算するね。」

るいか　　「ちょっと待って。その計算をする必要はないよ。求めたいのは２４年
　　　　　　間の日数ではなく、<u>２４年間の日数を７でわったあまりだから、この</u>
　　　　　　<u>ように計算を工夫すると簡単にあまりを求めることができるよ。</u>」

> ３６５×１８＋３６６×６ ＝ | ア |×２４＋１×１８＋２×６

よしお　　「なるほど。このように工夫すると、２４年間の日数を７でわったあま
　　　　　　りが | イ |であることを簡単に求めることができるね。」

じょうじ　「田中先生が生まれた日はお楽しみ会の日のちょうど２４年前だから、
　　　　　　田中先生が生まれたのは | ウ |曜日だね。」

問題4　　| ア |にあてはまる数を答えなさい。また、るいかさんは、どのように考え
　　　　て「このように計算を工夫すると簡単にあまりを求めることができる」と言っ
　　　　たのでしょうか。具体的な**数**や**式**を用いて、**考え方**を書きなさい。

問題5　　| イ |にあてはまる数と、| ウ |にあてはまる**漢字一字**を答えなさい。

K教英出版

令和三年度県立中学校入学者選抜作文問題

（四十五分）

受検番号

次のグラフは、「読書をすることの良いところは何だと思うか」という質問に対する全国の調査結果を示したものです。

グラフ

読書をすることの良いところ（三つまで回答）

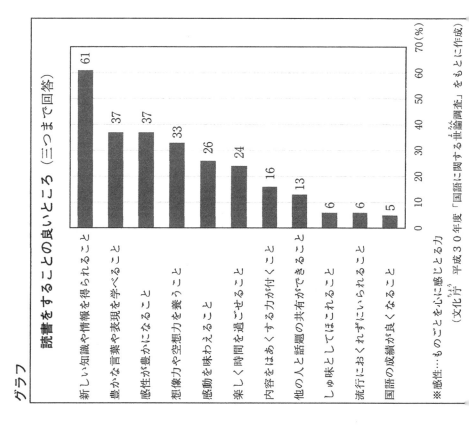

項目	%
新しい知識や情報を得られること	61
豊かな言葉や表現を学べること	37
感性が豊かになること	37
想像力や空想力を養うこと	33
感動を味わえること	26
楽しく時間を過ごせること	24
内容をはあくする力が付くこと	16
他の人と話題の共有ができること	13
しゅ味としてほこれること	6
流行におくれずにいられること	6
国語の成績が良くなること	5

（文化庁　平成30年度「国語に関する世論調査」をもとに作成）

※感性…ものごとを心に感じとる力

問題

　「あなたが読書から得たこと」について、感じたり考えたりしたことを、次の【条件】に合わせて解答用紙に書きなさい。

【条件】

一、グラフの結果と関連させて書くこと。

二、自分の経験をあげて書くこと。

三、五百字以上六百字以内で書くこと。

解答用紙　令和３年度県立中学校入学者選抜適性検査

問題1．5点　問題2．ア．6点　イ．5点　問題3．3点　問題4．6点　問題5．4点×2

1

問題1		その日を過ぎると（　　　　　　　　　　　　　　　　　　　　　　　　　）ので、 （　　　　　　　　　　　　　　　　　　　　　　）
問題2	ア	
	イ	
問題3	ウ	
問題4	エ	
問題5	オ	
	カ	

受検番号

問題1．3点×2　問題2．2点×3　問題3．7点　問題4．7点　問題5．7点

2

問題1	ア		イ	
問題2	ウ		エ		オ	
問題3		
問題4		
問題5		

Ｋ教英出版

【解答

解答用紙　令和三年度県立中学校入学者選抜作文

※70点満点

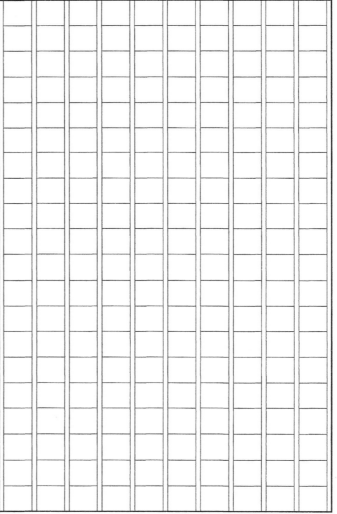

600 500

問題1　求め方

問題2

問題3　ア　イ　ウ

問題4　ア　イ

問題1

問題2　ア　イ

問題3

問題4　ア　考え方

問題5　イ　ウ

【注意】
一、題名や名前は書かないこと。
二、原こう用紙の一行目から書き始めること。
三、必要に応じて、段落に分けて書くこと。
四、数字や記号を記入するときには（例）のように書くこと。

（例）

| 10 | ％ |

令和２年度

県立中学校入学者選抜

適 性 検 査 問 題

長 崎 東 中 学 校
佐 世 保 北 中 学 校
諫早高等学校附属中学校

1 　ひろやさんたちは、学習発表会で日本の森林について発表する準備をしています。

　ひろやさんたちは、森林の面積について調べ、**資料1**と**資料2**を見ながら話をしています。

ひろや　「調べた県の面積と森林面積を**資料1**にまとめたよ。」
えいこ　「色分けして地図に表したら、発表を聞いている人がわかりやすいよね。」
ひろや　「そうだね。では、森林面積の割合をもとに、**資料2**に色分けするね。」

資料1　県の面積と森林面積
（万 ha）

県名	県の面積	森林面積
鳥取	35	26
島根	67	52
岡山	71	48
広島	85	61
山口	61	44
徳島	41	31
香川	19	9
愛媛	57	40
高知	71	60

資料2　県の面積にしめる森林面積の割合により色分けした地図

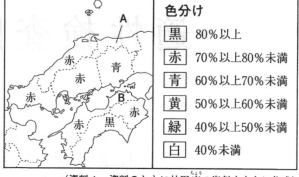

色分け

黒	80%以上
赤	70%以上80%未満
青	60%以上70%未満
黄	50%以上60%未満
緑	40%以上50%未満
白	40%未満

（資料1、資料2ともに林野庁の資料をもとに作成）

問題1　ひろやさんは、**資料1**から県の面積にしめる森林面積の割合を計算し、**資料2**の地図を色分けしています。地図の二つの県**A**と**B**は、それぞれ何色でしょうか。**資料2**の色分けから選び、答えなさい。

　ひろやさんたちは、森林を守ることについて調べ、**資料3**と**資料4**を見ながら話をしています。

資料3　人工林の面積の変化

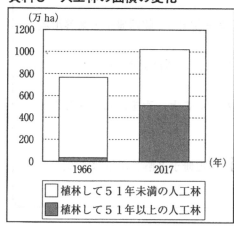

☐ 植林して51年未満の人工林
■ 植林して51年以上の人工林

資料4　木材使用量の変化

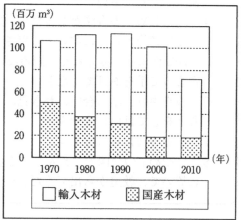

☐ 輸入木材　　▨ 国産木材

（資料3、資料4ともに林野庁の資料をもとに作成）

えいこ　「人工林では、木を植えてから５１年以上になると切って使うのに適した時期になるとわかったよ。社会科の授業でも、植えて、育てて、切ることをくり返すことが、森林を守るために大切だと習ったね。」

ひろや　「そういえば、人工林を育てている間は手入れが必要だったね。」

ゆきな　「でも今は、間ばつをしていない人工林が増えていると聞いたよ。また、**資料３**からは、［　　　　　　　　　　　ア　　　　　　　　　　　］ことが読み取れるよ。」

ひろや　「どうしてそのようなことが起きているのかな。」

えいこ　「それは、林業で働く人が減っていることや、**資料４**から読み取れるように、［　　　　　　　　　　　イ　　　　　　　　　　　］ことなどが理由だそうだよ。」

ゆきな　「森林を守るために何ができるか、みんなで考えていきたいね。」

問題２　［　ア　］と［　イ　］には、それぞれどのような言葉が入るでしょうか。あなたの考えを書きなさい。

　ひろやさんたちは、森林について調べたことを**ポスター**にまとめています。

ポスター

森林について知ろう！

🌲［　　　　　　ウ　　　　　　］

（災害を防止する）
・森林が<u>土</u>をつかむことで山がくずれにくい。

（水資源をたくわえる）
・飲み水や農業用水などになる。

（地球温暖化を防ぐ）
・二酸化炭素を吸って、酸素を出している。

（資材を生み出す）
・木材や紙などになる。

🌲森林を守るには

　人工林では、木を植えて、育てて、切ることをくり返すことが大切である。

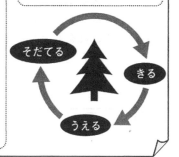

🌲森林の広さ

日本の国土面積の約３分の２が森林である。

ゆきな　「［　　　　ウ　　　　］という見出しは、**ポスター**を見た人に伝わるかな。」

えいこ　「内容に合っているから、いいと思うよ。」

ひろや　「その見出しの下のほうにある<u>土</u>をつかむとは、どのような意味かな。」

えいこ　「［　　　　　　エ　　　　　　］様子を表しているよ。」

問題３　［　ウ　］には、どのような言葉が入るでしょうか。あなたの考えを**８文字以内**で書きなさい。

問題４　［　エ　］には、どのような言葉が入るでしょうか。何のどのような様子を表しているか、あなたの考えを書きなさい。

2 たかしさんの学校では、さまざまな委員会活動を行っています。

　図書委員のたかしさんたちは、学校図書館の利用について話し合いをしています。

たかし　「学校図書館をもっと利用してもらうために、図書だよりにおすすめの本をのせよう。みんなはどのような本が好きなのかな。」

みさと　「1年間に3回調べている図書館の貸し出し冊数のうち、今回調べた結果を参考にしてみよう。」

たかし　「この**表**は、今回調べた結果をもとに、各学年で貸し出された本の種類別の冊数をまとめたものだよ。」

表　各学年で貸し出された本の種類別冊数　　　　　　　　　　　　　（冊）

	文学	文化・芸術	自然・生き物	歴史・社会	産業	その他	合計
1年生	64	13	16	1	2	0	96
2年生	65	22	3	2	5	0	97
3年生	76	14	2	3	4	0	99
4年生	69	19	4	4	5	2	103
5年生	73	22	2	10	5	3	115
6年生	ア	イ	6	6	4	1	90

グラフ　全校で貸し出された本の種類別割合（％）

ようこ　「この**グラフ**は、今回調べた結果をもとに、全校で貸し出された本の種類別の割合を表したものだよ。」

みさと　「文学が多く貸し出されていることがわかるね。」

たかし　「これをもとに、おすすめの本を選んでみよう。」

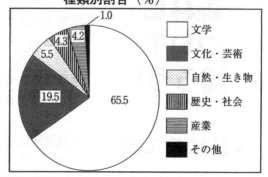

1.0
4.3　4.2
5.5
19.5
65.5

文学
文化・芸術
自然・生き物
歴史・社会
産業
その他

問題1　　ア　、　イ　にあてはまる数を答えなさい。

　たかしさんたちは、6年生の貸し出し冊数が前回と比べると少なくなっていることに気づき、**アンケート**をとることにしました。

たかし　「まずは、みんながどのくらい読書が好きかを知りたいね。」

みさと　「その質問については、結果をグラフで表すとわかりやすそうだね。」

ようこ　「本を読む冊数が以前に比べて減った人には、理由をくわしく聞きたいな。」

たかし　「人によって、いろいろな理由があるだろうからね。」

みさと　「それでは、6年生を対象に**アンケート**をつくってみよう。」

アンケート

> 読書についてのアンケート
>
> 　　　　　　　　　　　　　　　　　　　○○小学校図書委員会
>
> 　質問１　あなたはどのくらい読書が好きですか。
> 　（回答）　ア　好き　　　イ　きらい
> 　質問２　あなたは本を読む冊数が以前に比べてどのように変わりましたか。
> 　（回答）　ア　増えた　　イ　減った　　ウ　変わらない
> 　質問３　質問２でイを選んだ人は、どうして減ったのか、その理由を教えてく
> 　　　　　ださい。
> 　（回答）　ア　読みたい本がない　　イ　ほかにしたいことがある
> 　　　　　　　　　　　　　　　　　　　　ご協力ありがとうございました。

みさと　「**アンケート**はこれでどうかな。」
たかし　「**アンケート**をつくるときは、知りたいことがわかるように、質問や回答
　　　　のしかたをくふうすることが大切だね。」
ようこ　「**アンケート**をつくる前に話していたことを考えると、**質問１**と**質問３**は、
　　　　回答のしかたをくふうしたほうがよさそうだね。」

問題２　ようこさんは、「回答のしかたをくふうしたほうがよさそうだ」と言ってい
　　　　ます。**質問１**と**質問３**の回答のしかたを、それぞれどのように変えればよいで
　　　　しょうか。あなたの考えを、その理由もあわせて書きなさい。

　学習委員のはなこさんたちは、漢字辞典の使い方について知ってもらうために、
新聞をつくることにしました。

はなこ　「漢字辞典を使うと、漢字の読み方や意味、使い方などを知ることができ
　　　　るよね。」
あきら　「まずは、わたしたちが実際に漢字辞典を使ってみよう。」
はなこ　「それでは、この**漢字**を調べてみよう。」
みすず　「この**漢字**は読み方が『さくら』だから、それを使って
　　　　引くといいね。」

漢字

　桜

あきら　「読み方がわからないときは、どうしたらいいのかな。」
はなこ　「読み方がわからないときは、ほかの方法があるよ。こ
　　　　の漢字は［　　　　　　　　　　　］、それを使って
　　　　引くといいね。」
あきら　「なるほど。いろいろな引き方があって、便利だね。」

問題３　［　　　　　］にはどのような言葉が入るでしょうか。**（例）**にならって、あなた
　　　　の考えを二つ書きなさい。

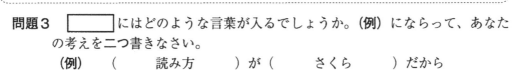

　　（例）　（　　　読み方　　　）が（　　　さくら　　　）だから

美化委員のそうたさんたちは、学校のごみ置き場を整理する話し合いのために、理科室に集まっています。

そうた　「ごみ置き場には、針金やかさなどの鉄のごみがたくさんあったよ。」
あかね　「鉄の回収工場では、人の手を使わず大量の鉄を移動させるために、磁石を使った機械が使われているそうだよ。」
けんじ　「どのようなしくみなのかな。」
そうた　「理科室にあるものを使って、模型をつくってみよう。」

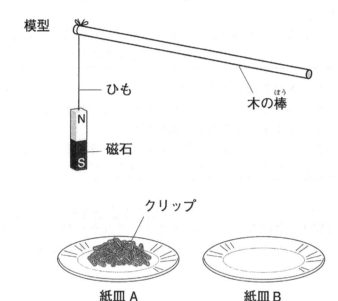

そうた　「模型をつくってみたよ。この模型を使って、紙皿Aにある鉄でできているクリップを、紙皿Bに移動させてみよう。」
あかね　「でも、この模型では回収工場の機械のようには移動させることができないよ。」
けんじ　「そうだね。これでは、クリップが磁石にくっついたままになってしまうね。どうすればいいのかな。」
あかね　「そうか。磁石ではなく、電磁石を使った模型にすればいいと思うよ。」
そうた　「なぜ電磁石を使った模型だと、クリップを移動させることができるのかな。」
あかね　「電磁石は、 _____
　　　　ので、クリップをくっつけたりはなしたりすることができるからだよ。」
そうた　「では、さっそく電磁石を使った模型につくりかえよう。」

問題4　□□□□□□にはどのような言葉が入るでしょうか。電磁石の性質に注目して、あなたの考えを書きなさい。

3 まもるさんたちは、校外学習で米農家の森山さんを訪ねました。

まもるさんたちは、米づくりについて森山さんと話をしています。

まもる 「米づくりにはどのような作業があるのですか。」
森山さん 「田植えやいねかりだけでなく、田おこしや種まき、水の管理など一年中作業があります。」
すすむ 「米づくりの負担を減らすために、何か行われていることはありますか。」
森山さん 「図のように、水田や農道、用水路などの整備が進められています。」
まもる 「このような整備が行われると、　　　　　　　　　　　　　　ことができるようになりますね。」
森山さん 「おかげで米づくりがしやすくなりました。」

図

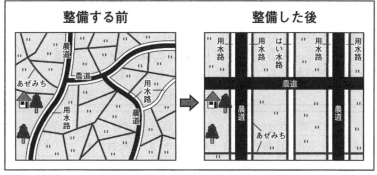

※二つの図は、同じ場所を同じ面積で表しています。

問題1 　　　　にはどのような言葉が入るでしょうか。あなたの考えを二つ書きなさい。

まもるさんたちは、米の品種について話をしています。

まもる 「全国各地にはさまざまな米の品種があると聞いています。それぞれの米にはいろいろな特長があるのですね。」
森山さん 「それらの特長があるのは、多くの人においしく食べてもらえるように品種改良に取り組んできた人たちがいたからですよ。」
さきこ 「品種改良には味をよくするだけでなく、ほかにも目的があることを学習したね。」
すすむ 「そうだね。品種改良をすることで、　　　　　　　　　　　　　　　　　　　　　　こともできるので、安定した生産量につながっていたね。」
森山さん 「これも米づくりに関わる人の努力とくふうの一つなのです。」

問題2 　　　　にはどのような言葉が入るでしょうか。あなたの考えを書きなさい。

— 6 —

まもるさんたちは、森山さんにもらった米で弁当をつくる話し合いをしています。

まもる　「おいしいお弁当をつくって外で食べたいね。お弁当はお昼に食べる予定
　　　　　だから、安心して食べるためにはくふうが必要だね。」
すすむ　「そうだね。おにぎりをラップフィルムでくるんでつくるのも、くふうの
　　　　　一つだよ。食べやすいし、衛生的で安心だね。」
さきこ　「わたしはおにぎりを担当するよ。ガスこんろの一つを使って、なべで米
　　　　　をたくから、おかずづくりで使えるガスこんろは残り一つだよ。」
まもる　「おかずは青菜のごまあえとジャーマンポテトを、すすむさんと二人でつ
　　　　　くるね。包丁とまな板も一つずつしかないから、まず計画を立てよう。」

それぞれの料理の調理手順と時間のめやす

【青菜のごまあえ】	【ジャーマンポテト】
あ 青菜を洗う　　　　　　　（5分）	か じゃがいもを洗う　　　　　（5分）
い 湯をわかし青菜をゆでる（5分）	き じゃがいもの皮をむいて切り、
う ゆでた青菜を水にとる　（5分）	水につける　　　　　　　（10分）
え 青菜をしぼって、切る　（5分）	く たまねぎとベーコンを切る　（5分）
お 青菜をあえ衣であえる　（5分）	け じゃがいもをゆでる　　　　（10分）
	こ 材料をいため、味付けしてむらす　（5分）

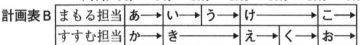

　　　　　　　（時間）0分…5分…10分…15分…20分…25分…30分…35分…40分
計画表A　まもる担当｜あ→｜い→｜う→｜え→｜お→｜
　　　　　すすむ担当｜か→｜き→　　　　　｜く→｜け→　　　｜こ→｜

　　　　　　　（時間）0分…5分…10分…15分…20分…25分…30分…35分…40分
計画表B　まもる担当｜あ→｜い→｜う→｜け→　　　｜こ→｜
　　　　　すすむ担当｜か→｜き→　　　　　｜え→｜く→｜お→｜

※計画表の中のあ～こは上の調理手順のことです。

まもる　「**計画表A**では、それぞれの料理を二人が別々に担当して手順どおりにつ
　　　　　くるようにしたよ。」
すすむ　「**計画表B**は時間を短縮して、同じ時間にできあがるようにしたよ。」
さきこ　「わたしは**計画表B**のほうが｜　　　　　　**ア**　　　　　　｜
　　　　　というくふうがあるので、安全に調理ができていいと思うよ。」
まもる　「そうだね。ところで、ゆでた青菜を水にとるのはどうしてかな。」
さきこ　「水にとることで、青菜の｜　　　　　**イ**　　　　　｜ので、
　　　　　できあがりがよくなるからだよ。」

問題3　すすむさんは「衛生的で安心だ」と言っています。なぜ衛生的で安心なので
　　しょうか。あなたの考えを書きなさい。

問題4　｜　**ア**　｜にはどのような言葉が入るでしょうか。あなたの考えを書きなさい。

問題5　｜　**イ**　｜にはどのような言葉が入るでしょうか。あなたの考えを書きなさい。

　けんたさんの家族は、科学館に来ています。

けんたさんたちは、自然環境コーナーの展示を見ながら話をしています。

けんた　　「ここには、都市部の夏の暑さ対策の一つとして、道路などのくふうについての説明があるよ。」
なおこ　　「どのようにくふうされた道路なのかな。」
お父さん　「保水材という水を吸収しやすいものを入れてあるのだよ。」
なおこ　　「水をたくさん吸収した保水材が道路を冷やすのかな。」
お母さん　「そうではないよ。水には蒸発するときに周りの熱をうばう性質があり、それを利用しているのだよ。学校にある**緑のカーテン**も、この性質を利用しているよね。」
けんた　　「そうか。植物の根から吸い上げられた水は、

緑のカーテン

　　　　　　ので、周りの温度を下げる効果があるのだね。」
なおこ　　「保水材を入れた道路と**緑のカーテン**との間には、意外な共通点があるね。」

問題1　　　にはどのような言葉が入るでしょうか。水がどこを通り、どこから出ていくかにふれながら、あなたの考えを書きなさい。

けんたさんたちは、天気コーナーに行きました。

案内係　　「ここでは、気象衛星から送られてきた日本付近の画像を見ることができます。」
けんた　　「気象衛星の情報をもとに、天気を予想することができるのですね。」
案内係　　「ここに5月に気象衛星から送られてきた6時間ごとの画像が3枚あります。5月によく見られる雲の動きになるように画像を並べかえてみましょう。」

あ

い

う

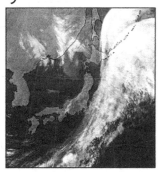

（日本気象協会の気象衛星画像をもとに作成）

問題2　案内係の方が「5月によく見られる雲の動きになるように画像を並べかえてみましょう」と言っています。3枚の画像あ～うを、時間の経過に従って左から順番に並べかえて、答えなさい。また、そのように並べかえた理由について、あなたの考えを書きなさい。

けんたさんたちは、算数コーナーへ行きました。かけられる数とかける数がどちらも１から１９まで書かれた表の前で、案内係の方と話をしています。

案内係 「みなさん、これは１×１から１９×１９までの積が書かれた表です。」
けんた 「学校で習った九九の表の４倍くらいの広さですね。」
案内係 「全部覚えるのは大変なので、今日は、**図１**のボードを使って計算する方法を説明します。例えば、１４×９を計算するとき、まず、かける数の９を①に書きます。次に、一の位どうしの積４×９＝３６を②と③に書いて、①と②に書いた数の和と③の数を並べて書くと、**図２**のように、答えの１２６が求められます。」

図１

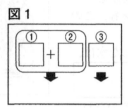

図２

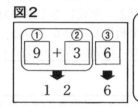

[注意]
一の位どうしの積が１けたのときは、その数を③に書き、②には０を書きます。

なおこ 「おもしろいですね。」
案内係 「では、問題です。十の位が１である２けたの数と１けたの数をかけた積が１３３でした。さて、かけた２つの数は、何と何だったでしょうか。**図３**のボードを使って考えてみましょう。」

図３

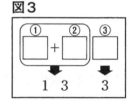

けんた 「１３３は一の位が３ですね。学校で習った九九の８１個の答えのうち、一の位が３なのは、３と ア だけだから、**図３**の②にあてはまる数は イ だとわかります。だから、①にあてはまる数は ウ です。」
なおこ 「なるほど。ということは、積が１３３になる２つの数は、２けたのほうが エ で、１けたのほうが オ ですね。」
案内係 「はい、正解です。」

問題３ ア ～ オ にあてはまる数を答えなさい。

けんたさんたちは、十の位が１である２つの２けたの数のかけ算について、案内係の方と話をしています。

案内係 「次は、（２けた）×（２けた）の計算です。例えば、１３×１８の計算では、まず１３＋８＝２１を①に書きます。次に３×８＝２４を②と③に書いて、①と②に書いた数の和と③の数を並べて書くと、**図４**のように、答えの２３４が求められます。」

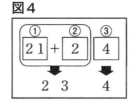

図4

[注意]
一の位どうしの積が
1けたのときは、そ
の数を③に書き、②
には0を書きます。

けんた 「どうしてこの方法で13×18の積が求められるのですか。」

案内係 「はい、それでは長方形を使って考えてみましょう。図5の長方形の面積
は13×18＝234で234cm²ですね。この長方形を図6のように
3つの長方形あ、い、うに分けてみますよ。」

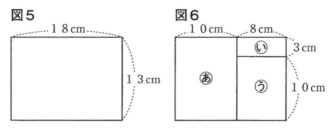

図5　　　図6

なおこ 「そうか。図6の長方形あ、い、うの中の1つを動かして、面積を考えれ
ばいいのですね。つまり、

カ

から、長方形の面積の和は210＋24＝234で234cm²となるの
ですね。」

けんた 「だから、この方法で13×18の積が求められるのですね。」

案内係 「はい、そうです。では、図7のボードを見てください。これは、十の位
が1である2つの2けたの数の積を求めるときに書かれたものですが、
これだけで、③に書かれる数がわかるのですよ。」

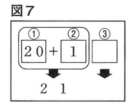

図7

けんた 「わかりました。③に書かれる数は　キ　です。」

なおこ 「①が20であることから考え始めれば、答えがわかりますね。」

問題4　　カ　にはどのような言葉が入るでしょうか。解答用紙の図6に、長方形
あ、い、うの中の、どの長方形をどのように動かせばよいかをかき加えた上で、
式「13＋8＝21」を用いて、あなたの考えを書きなさい。

問題5　　キ　にあてはまる数を答えなさい。

令和二年度県立中学校入学者選抜作文問題

（四十五分）

受検番号 [　　　]

　わたしたちは、地域や社会の人たちと関わり合いながら生活しています。次のグラフは、「地域や社会をよくするために何をすべきかを考えることがありますか」という問いに対する全国の調査結果を示したものです。

グラフ

地域や社会をよくするために何をすべきかを考えることがありますか

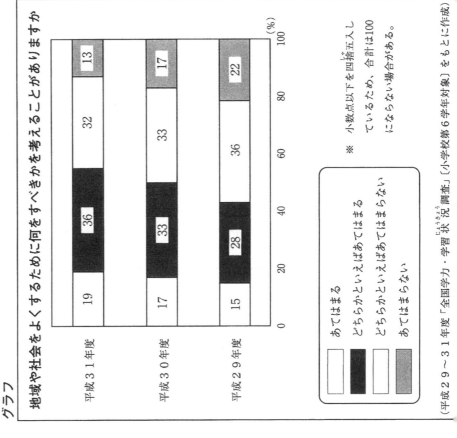

（平成２９～３１年度「全国学力・学習状況調査」（小学校第６学年対象）をもとに作成）

問題

　これまでのあなたの「地域や社会の人たちとの関わり」をふり返り、考えたり感じたりしたことを、次の【条件】に合わせて解答用紙に書きなさい。

【条件】

一、グラフから読み取れたことを書くこと。

二、自分の経験や具体例をあげて書くこと。

三、五百字以上六百字以内で書くこと。

1 問題1 A ___ 色 B ___ 色 問題1．４点×２ 問題２．６点×
問題３．４点 問題４．６点

問題2 ア ___

イ ___

問題3 ウ ___

問題4 エ ___

受検番号

2 問題1 ア ___ イ ___ 問題1．４点×２ 問題２．４点×
問題３．４点×２ 問題４．８点

問題2 質問1 回答の
しかた ___

理由 ___

質問3 回答の
しかた ___

理由 ___

問題3 （ ___ ）が（ ___ ）だから

（ ___ ）が（ ___ ）だから

問題4 ___

【解答

受検番号

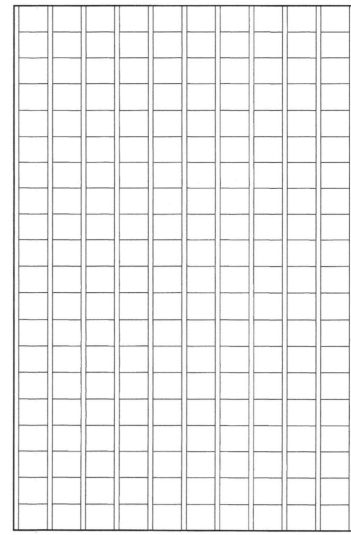

600　　　　　　　500

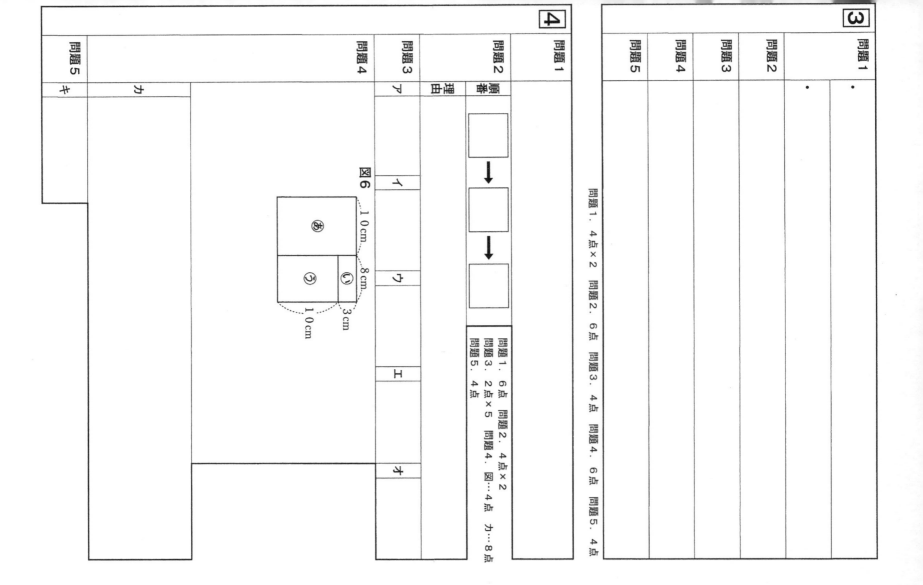

③

問題1	・ ・
問題2	
問題3	
問題4	
問題5	

問題1. 4点×2 問題2. 6点 問題3. 4点 問題4. 6点 問題5. 4点

④

問題1

問題2
順番 □ → □ → □
理由

ア

問題3 イ ウ エ オ

問題4
図6

あ い う
10cm 8cm 3cm 10cm

問題5 カ キ

問題1. 6点 問題2. 4点×2
問題3. 2点×5 問題4. 図…4点 カ…8点
問題5. 4点

平成３１年度

県立中学校入学者選抜

適性検査問題

長 崎 東 中 学 校
佐 世 保 北 中 学 校
諫早高等学校附属中学校

── 《 注　意 》 ──

1　「はじめ」の合図で書き始めます。それまで、この問題冊子を開いてはいけません。

2　問題冊子は、１ページから１０ページまであります。

3　中に、解答用紙が、１枚入っています。答えは、すべて解答用紙に記入してください。

4　「はじめ」の合図があったら、まず、受検番号を、問題冊子と解答用紙の受検番号のらんに書いてください。

5　印刷がはっきりしなくて読めないときや、体の具合が悪くなったときは、だまって手をあげてください。

6　検査中は、話し合い、わき見、音をたてること、声を出して読むことなどをしてはいけません。

7　検査時間は**６０分**です。

8　「やめ」の合図で、えんぴつを置き、問題冊子と解答用紙は、机の上に置いて、教室から出てください。

1 みさきさんたちは、1年生をむかえる会を開くことにしました。

みさきさんは、1年生へ**手紙**を書きました。友達と**手紙**について話をしています。

手紙

> **1ねんせいのみなさんへ**
> 　にゅうがくおめでとう。みなさんがにゅうがくするのをたのしみにまっていました。こんどのきんようびの1じかんめに、「1ねんせいをむかえるかい」をします。そのあとはこうえんにいって、いっしょにあそびましょう。たのしみにしていてくださいね。
>
> 　　　　　　　　　　　　　　　　　　　6ねんせいより

みさき　「ひらがなで書いたけれど、漢字がないと読みにくいね。」

はると　「それに読み方は同じでも漢字が異なるものがあるから、ひらがなばかりだと伝わりにくいこともあるね。」

なつみ　「確かに**手紙**のこうえんは『公園』と書くけれど、『こうえん』と読む漢字は　ア　もあるよね。」

ゆうた　「読み方が同じでも、漢字には、　イ　という役割もあるから、ひらがなだけでなく漢字も使うと伝わりやすくなるね。」

みさき　「一つの漢字でも読み方が異なることもあるよね。例えば1ねんせいの『生』という漢字は、『い（きる）』『しょう』『なま』などとも読むよ。」

はると　「『生』のように、読み方がたくさんある漢字を知っているかな。」

なつみ　「知っているよ。　ウ　は五つ以上あるよ。漢字はおもしろいね。」

問題1　　ア　、　イ　にはどのような言葉が入るでしょうか。あなたの考えを書きなさい。ただし、　ア　には二字熟語が入ります。

問題2　　ウ　にあてはまる漢字をあげ、その読み方を**五つ**書きなさい。ただし、送り仮名は書かないこととします。

みさきさんたちは、1年生をむかえるために校内の安全について話をしています。

新聞

みさき　「校内のかくれた危険と事故の原因を保健の授業で学習したね。事故の原因には、まわりの環境と人の行動があったね。」

ゆうた　「生活委員会の**新聞**に事故の防止についての記事があったよ。」

はると　「この**新聞**に書かれた事故は、
　　　　　　　　　　　　　　　　　　こと
で防げると思うよ。」

なつみ　「一人一人の心がけが大切だね。」

生活新聞	生活委員会4月号

気をつけよう！校内の事故！
　先日、5年生がろう下を走ってすべり、けがをするという事故が起きました。そうじの後、バケツが置かれたままで、まわりのゆかがぬれていたそうです。わたしたちにできることを考え、事故やけがをなくしていきましょう。

問題3　　　　　　　　にはどのような言葉が入るでしょうか。あなたの考えを**二つ**書きなさい。

みさきさんたちは、1年生に読み聞かせをするために学校の図書館で本を探しています。

みさき　「1年生の読み聞かせによい本はないかな。」
ゆうた　「図書委員会のおすすめの本について書かれたしょうかいカードが、たくさん掲示されているよ。見てみよう。」

しょうかいカード

「ふたりは　いつも」	「どんなかんじかなあ」	「どうぞのいす」
アーノルド・ローベル　作	中山　千夏　作	香山　美子　作
友達思いのがまくんとかえるくんのお話です。いつもいっしょでおたがいに親友を喜ばせようといろいろなことをがんばっているふたりの姿がほほえましくて、かわいくて、すてきです。読み終わったとき、友達っていいなと思える一冊です。	目が見えない、耳が聞こえない友達の世界。ひろくんはさまざまな方法で友達の世界を知ろうとし、発見したすごいところを友達に伝えます。そんなひろくんの世界とは。相手の立場に立って考えることの大切さに気づかせてくれる一冊です。	うさぎの作ったいすには「どうぞのいす」という立札が。だれの物かはわからないけれど、「どうぞ」の言葉でいすの上の物をもらった動物たちが、次々とお礼の物を置いていき、「どうぞ」のリレーをしていきます。だれかにいいことをしたくなる一冊です。

みさき　「わたしはこの3枚のしょうかいカードの本を読みたいな。なぜかというと、どのしょうかいカードからも、相手への　　ア　　が伝わってくるからだよ。」

なつみ　「そうだね。どれも1年生に読んであげたいね。」

はると　「これらの本はどこにあるのかな。」

ゆうた　「本だなには番号が表示されているよ。この番号は**表**と同じ番号だよ。」

みさき　「なるほど。**表**と本だなの番号を手がかりにすると本を探せるね。」

はると　「図書館では、探したい本をすぐに見つけられるようにするくふうとして本を　　イ　　のだね。」

なつみ　「この図書館では、本の背に作者の名前の頭文字がつけられているよ。それも手がかりにして、本を探そう。」

表

0	総記・百科事典など
1	道徳・宗教
2	歴史・地域のこと
3	社会のしくみ
4	自然・天気・生き物
5	機械・乗り物・環境
6	いろいろな仕事
7	図工・体育・音楽
8	言葉
9	文学

問題4　　ア　、　イ　にはどのような言葉が入るでしょうか。あなたの考えを書きなさい。ただし、　ア　は**8文字以内**とします。

— 2 —

2 ゆりかさんは、ホームステイをしている留学生のジョンさんと話をしています。

ゆりかさんたちは、海外から日本に来た人に関する**資料1、資料2、資料3**を見ながら話をしています。

ゆりか 「海外から多くの人が日本に来ているよ。そのことによって、わたしたち日本人にとっては、消費がのびて経済が豊かになることや、

〔　　　　　　　　　　　　　　　〕ことなどのよい面があるよね。」

ジョン 「そうだね。」
ゆりか 「ところで、何人くらいの人が来ているのかな。」
ジョン 「２０１６年には２，４０４万人が来ているね。」
ゆりか 「２０１３年と２０１６年を比べてみよう。」

資料1　海外から日本に来た人の推移

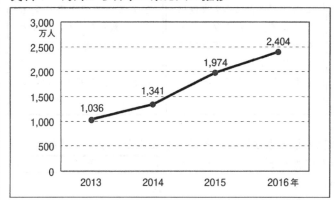

資料2　２０１３年に海外から日本に
**　　　　来た人の地域別人数**　　（万人）

アジア	８１２
北アメリカ	９８
ヨーロッパ	９０
その他	３６

資料3　２０１６年に海外から日本に
**　　　　来た人の地域別割合**

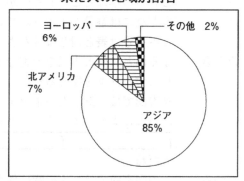

（資料1、資料2、資料3はすべて日本政府観光局の資料をもとに作成）

問題1 〔　　〕にはどのような言葉が入るでしょうか。あなたの考えを書きなさい。

問題2 ２０１６年にアジアから日本に来た人の数は、２０１３年と比べるとどのように変化していますか。変化した人の数を求めて説明しなさい。なお、変化した人の数については、**四捨五入**して上から**２けた**のがい数にして答えなさい。

ゆりかさんたちは、海外から日本に来た人たちの食事について話をしています。

ジョン 「海外でも日本の食べ物は人気なのだよ。
　　　　そのなかでもラーメンと寿司は多くの
　　　　観光客が楽しみにしているよ。」
ゆりか 「旅行中に、ラーメンや寿司を食べた人
　　　　の数を商店街の人が調査した表1があ
　　　　るよ。」

表1
(人)

ラーメンを食べた	寿司を食べた	どちらも食べていない	調査合計数
５８	３５	１１	７６

ジョン 「本当だ。表1からもラーメンや寿司を食べた人が多いことがわかるね。」
ゆりか 「でも、表1を見ても、ラーメンと寿司をどちらも食べた人の数はわから
　　　　ないね。」
ジョン 「表2のように整理して考えてみたらどうかな。」

表2
(人)

		ラーメン		合　計
		食べた	食べていない	
寿司	食べた			
	食べていない			
	合　計			

ゆりか 「ラーメンと寿司をどちらも食べた人は、　ア　人だね。」

問題3 　ア　にあてはまる数を答えなさい。

— 4 —

ゆりかさんは、お父さんとジョンさんの３人で食事をするために観光案内パンフレットを見ています。

お父さん　「パンフレットには、いろいろな**マーク**がついているよね。」

マーク

ジョン　　「ナイフとフォークが並んでいるのが、レストランの**マーク**だよね。
　　　　　　日本では、いろいろなところにこのような**マーク**が使われているね。」
ゆりか　　「このような**マーク**は、みんなにやさしいまちづくりのくふうの一つだね。」

問題４　ゆりかさんは「このような**マーク**は、みんなにやさしいまちづくりのくふうの一つだ」と言っています。どのような人のために、どのようなくふうがされているのでしょうか。あなたの考えを書きなさい。

　　ゆりかさんたちは、レストランに着きました。

ゆりか　　「食事をしている人の横に補助犬がいるよ。」
ジョン　　「そういえば、レストランの入り口に**マーク**がはってあったね。」
お父さん　「あの**マーク**がはってある店は、目が不自由な人などの生活を支える補助犬を連れて利用できるのだよ。」
ゆりか　　「これもみんなにやさしいまちづくりのくふうの一つだよね。補助犬がいるときには、

　　　　　　　　　　　　　　　　　　　　　　　ことが大事だよね。」
お父さん　「そうした気配りの大切さにも**マーク**は気づかせてくれるね。」

マーク

問題５　[　　　　]にはどのような言葉が入るでしょうか。あなたの考えを、その理由もあわせて書きなさい。

3 たかしさんの家族は、おじいさんとおばあさんの家に遊びに来ています。

たかしさんたちは、トウモロコシ畑で収穫（しゅうかく）を始めました。

おばな →

さくら　「あれ、トウモロコシにひげみたいなものがついているけど、これは何なのかな。」

たかし　「それは**めばな**にあるめしべが集まったもので、実ができるためには必要なものだよ。」

さくら　「**おばな**はどこにあるのかな。」

たかし　「トウモロコシの場合は**めばな**より上の方にあって、この位置関係が大事なのだよ。」

めばな →

さくら　「どうして位置関係が大事なのかな。」

たかし　「**おばな**が上にあるほうが

┌─────────────────────────────┐
│　　　　　　　　**ア**　　　　　　　　│
└─────────────────────────────┘

からだよ。」

さくら　「そうやって、このまるまるとしたトウモロコシができたのだね。」

お母さん　「収穫したトウモロコシは、明日食べようね。」

たかし　「明日食べるのなら、山登りの前に食べたいな。」

さくら　「それはどうしてかな。」

たかし　「トウモロコシの主な養分のことを考えたからだよ。」

さくら　「それは、理科の時間にヨウ素液を使って調べた養分のことだね。」

たかし　「家庭科でも五大栄養素を学んだね。」

さくら　「わかった。トウモロコシのその養分は五大栄養素の一つの ┌──**イ**──┐
　　　　にふくまれるよね。」

たかし　「そうだよ。山登りの前に食べると、┌──**イ**──┐ は、

┌─────────────────────────────┐
│　　　　　　　　**ウ**　　　　　　　　│からだよ。」
└─────────────────────────────┘

お母さん　「そういうことなら山登りの前に食べようね。」

問題1　┌──**ア**──┐ にはどのような言葉が入るでしょうか。**おばなとめばなの位置関係**と、実をつくるはたらきを関係づけて、あなたの考えを書きなさい。

問題2　┌──**イ**──┐、┌──**ウ**──┐ にはどのような言葉が入るでしょうか。あなたの考えを書きなさい。ただし、┌──**イ**──┐ は栄養素を書き、┌──**ウ**──┐ はその栄養素のはたらきに注目して書きなさい。

たかしさんたちは、倉庫で炭火アイロンを見つけました。

たかし　　　「これは、昔のアイロンだよね。」
おばあさん　「火のついた炭を入れて底を温めて、熱
　　　　　　で布のしわをのばしていたよ。」
さくら　　　「上にはえんとつのようなものがついて
　　　　　　いて、下にはいくつか穴があいている
　　　　　　ね。何のためなのかな。」
たかし　　　「下の穴がないと、 _____
　　　　　　からだよ。長時間使うためのくふうだね。」

炭火アイロン

穴

問題3　　 _____ にはどのような言葉が入るでしょうか。あなたの考えを書きなさい。

たかしさんたちは、おじいさんの部屋にある本を整理するために本だなを作ることにしました。

たかし　　　「おじいさん、本だなとその部品の図をかいてみたよ。どうかな。」
おじいさん　「木材でものを作るときに大切なのは、板の厚さだよ。板の組み方によって、部品の大きさが変わるからね。」
たかし　　　「倉庫に板があったけど、使っていいかな。」
おじいさん　「いいよ。板の厚さは1cmだったよ。」
さくら　　　「部品Aと部品Cが1枚ずつ、部品Bが2枚必要だね。」

本だなとその部品の図

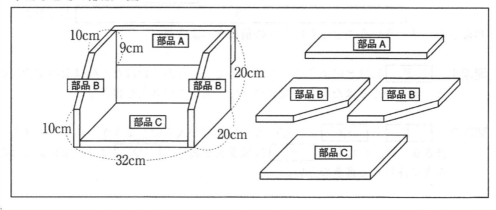

問題4　部品A、部品B、部品Cを倉庫にあった1枚の板（はば20cm、長さ100cm）から切り出すにはどのようにしたらよいでしょうか。解答用紙の図を1枚の板に見立てて、実際に切る部分を実線（―――）でかき入れなさい。ただし、方眼のマスの1辺を1cmとし、のこぎりでけずられる部分は考えないものとします。

4 せいやさんたちは、校外学習で科学館に来ています。

せいやさんたちは、宇宙コーナーで**図1**と**図2**を見ながら科学館の案内係の方と月の見え方について話をしています。

図1　地球、太陽、月の位置関係

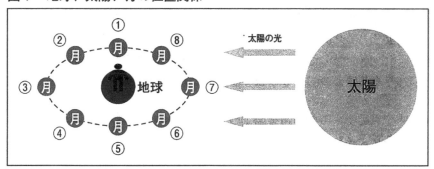

図2　ある日の月の様子

案内係　「**図1**を見てください。太陽は自ら光を出しているけれど、月は太陽の光を受けて光っているから、**図1**のように太陽との位置関係が変わることで地球からの見え方が変わるのですよ。」

せいや　「**図2**は、月が東の方に見えていますね。このときの月は、**図1**で考えると、どの位置にあるのだろう。」

けんた　「月の見え方から考えると、月の位置は　ア　ですよね。」

案内係　「そうですね。では、**図2**のように月が見えているとき、太陽はどの方位にあると考えられますか。」

ほのか　「　イ　です。」

案内係　「どうしてそのように考えたのですか。」

ほのか　「　ウ　と考えたからです。」

案内係　「その通り。よくわかりましたね。」

せいや　「太陽と月の位置関係を考えればいろいろなことがわかりますね。」

問題1　　ア　～　ウ　にはどのような番号または言葉が入るでしょうか。あなたの考えを書きなさい。ただし、　ア　は図1の①～⑧から**一つ**選び、　ウ　は月の見え方に注目して書きなさい。

せいやさんたちは、算数クイズコーナーに行きました。

案内係　「ここに二つの箱があります。左の箱にはくじが４５０枚入っていて、そ
　　　　のうちの３６枚が当たりくじです。当たりくじの割合は何％ですか。」
せいや　「はい、８％です。」
案内係　「そうですね。右の箱にはくじが１５０枚入っていて、当たりくじの割合
　　　　は１６％です。さて、この二つの箱に入っているくじを混ぜ合わせると、
　　　　当たりくじの割合は何％になるでしょうか。」
ほのか　「右の箱に入っている当たりくじの枚数を計算すると２４枚なので、当た
　　　　りくじは合わせて６０枚です。くじは全部で６００枚だから、当たりく
　　　　じの割合は１０％です。」
案内係　「その通り。この問題を図１のように表してみました。何か気づくことは
　　　　ありませんか。」

図１

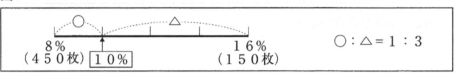

けんた　「８から１６までの長さの比を１：３にしたところが、答えの１０です。」
せいや　「４５０×１＝１５０×３という関係が成り立っています。」
案内係　「はい、そうですね。では、次の問題です。当たりくじの割合が５％のく
　　　　じが２４０枚あります。このくじに、当たりくじの割合が２０％のくじ
　　　　を混ぜて、当たりくじの割合を１１％にするには、当たりくじの割合が
　　　　２０％のくじを何枚混ぜればいいでしょうか。」
ほのか　「まずは、図１と同じように図に表してみよう。すると、図２のようにな
　　　　るね。」

図２

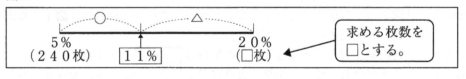

けんた　「５から１１までの長さと１１から２０までの長さの比を求めると、
　　　　○：△＝　ア　：　イ　だから、当たりくじの割合が２０％のくじを
　　　　何枚混ぜればいいかは、　　　　　　　ウ　　　　　　　
　　　　と求めることができます。」

問題２　　ア　、　イ　にあてはまる数を答えなさい。ただし、　ア　：　イ　
　　　　は、簡単にした比で表しなさい。

問題３　　ウ　にはどのような言葉が入るでしょうか。具体的な**数**や**式**を用いて、
　　　　あなたの考えを書きなさい。

せいやさんたちは、最後の問題に取り組んでいます。

案内係　「みなさんの前にあるのは、くじが１００枚ずつ入った袋で、合わせて
　　　　　６０袋あります。これらの袋は、当たりくじの割合が５％、１２％、１４％
　　　　　のいずれかであり、６０袋に入っているくじをすべて混ぜ合わせると、
　　　　　当たりくじの割合は６％になります。さて、当たりくじの割合が５％、
　　　　　１２％、１４％の袋はそれぞれ何袋ずつあるでしょうか。」
せいや　「まず、当たりくじの割合が５％と１２％の袋について考えてみよう。」
ほのか　「図に表して考えると、１２％のくじを１袋と５％のくじを　ア　袋
　　　　　混ぜ合わせると、当たりくじの割合は６％になるよ。」
けんた　「なるほど。１４％の袋についても同じように考えるといいね。」
せいや　「よし、わかった。当たりくじの割合が５％、１２％、１４％の袋はそれ
　　　　　ぞれ　イ　袋、　ウ　袋、　エ　袋です。」
案内係　「はい、正解です。」
ほのか　「図を利用すれば、見通しをもって考えを進めることができるのですね。」

問題４　　ア　～　エ　にあてはまる数を答えなさい。

受検番号

　わたしたちは、毎日多くの人と、自分の考えや思いを伝え合いながら生きています。次の**グラフ**は「相手との伝え合いにおいて、『たがいの考えていることをできるだけ言葉にして伝え合うこと』と『考えていることを全部は言わなくても、心を通わせわかり合うこと』のどちらを重視しているか」という問いに対する調査結果を示したものです。

グラフ

相手との伝え合いで重視していること

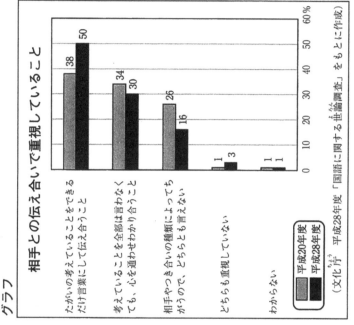

たがいの考えていることをできるだけ言葉にして伝え合うこと　38　50

考えていることを全部は言わなくても、心を通わせわかり合うこと　34　30

相手やつき合いの種類によっても、どちらとも言えない　26　16

どちらも重視していない　1　3

わからない　1　1

60%　50　40　30　20　10　0

平成20年度
平成28年度

（文化庁　平成28年度「国語に関する世論調査」をもとに作成）

資料

言葉以外での気持ちの表現方法の例

○表情　　○視線　　○間の取り方
○姿勢　　○身ぶり　○声の大きさ

問題

　「伝え合うために大切なこと」について、あなたが考えたり感じたりしたことを次の【**条件**】に合わせて**解答用紙**に書きなさい。

【**条件**】

　一、**グラフ**から読み取れたことを書くこと。**資料**は参考にしてもよい。

　二、**自分の経験**と関連させて書くこと。

　三、**五百字以上六百字以内**で書くこと。

解答用紙 平成３１年度県立中学校入学者選抜適性検査

※130点満点

1

問題1	ア			

問題1．3点×2　問題2．完答6点
問題3．4点×2　問題4．6点×2

	イ	
問題2	ウ		読み方	
	読み方		読み方	
	読み方		読み方	
問題3		
問題4	ア	
	イ	

受検番号

2

問題1	
問題2	
問題3	ア

問題1．6点　問題2．7点　問題3．7点
問題4．6点　問題5．6点

問題4	
問題5	

受 検 番 号

解答用紙　平成三十一年度県立中学校入学者選抜作文

※70点満点

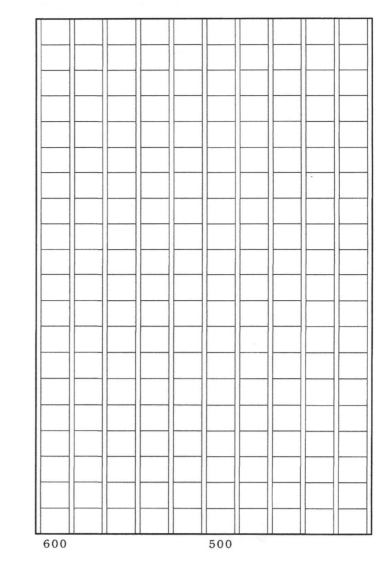

600   500

3

問題1　ア

問題2　イ

　　　　ウ

問題3

問題4　図

問題1．8点　問題2．イ．3点　ウ．6点
問題3．8点　問題4．8点

4

問題1　ア

　　　　イ

問題2　ア

　　　　イ

問題3　ウ

問題4　ア

　　　　イ

　　　　ウ

　　　　エ

問題1．4点×3　問題2．完答3点
問題3．6点　問題4．ア．4点　イ～エ．完答8点

【注意】

一、 題名や名前は書かないこと。

二、 原こう用紙の一行目から書き始めること。

三、 必要に応じて、 段落に分けて書くこと。

四、 数字や記号を記入するときには （例） のように書くこと。

（例）

10	％

平成３０年度

県立中学校入学者選抜

適性検査問題

長 崎 東 中 学 校

佐 世 保 北 中 学 校

諫早高等学校附属中学校

1 ひろしさんは、友だちと日本の伝統文化に関するイベントに出かけました。それぞれの展示コーナーでは、案内係の方が展示しているものについて説明をしています。

ひろしさんたちは、俳句が展示されているコーナーに行きました。

俳句1

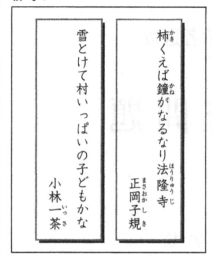

柿くえば鐘がなるなり法隆寺　　正岡子規

雪とけて村いっぱいの子どもかな　　小林一茶

俳句2

ふりかえらない道をいそぐ　　種田山頭火

入れものが無い両手で受ける　　尾崎放哉

ひろし　「たくさんの俳句があるね。」

案内係　「ここには、いろいろな俳句を展示しているのですよ。みなさん、俳句は知っていますか。」

ゆうき　「はい。**俳句1**は国語の授業で学習しました。」

かずこ　「**俳句2**は国語の授業で学習した俳句とはちがいますね。」

案内係　「どのようなところがちがうと思ったのですか。」

かずこ　「**俳句1**と**俳句2**を比べると、**俳句1**は ［　　　　　　　　　］ という決まりがありますが、**俳句2**はその決まりにしたがってつくられていません。」

案内係　「よく気づきましたね。情景を思いうかべながら声に出して読んでみると、それぞれのよさをより感じられますよ。」

問題1 ［　　　］にはどのようなことばが入るでしょうか。あなたの考えを**二つ**書きなさい。

ひろしさんたちは、日本の遊びがしょうかいされているコーナーに行きました。

案内係　「**折り紙を折りませんか。**」
ひろし　「あまりやったことがないので、うまく折れないかもしれません。」
案内係　「まずは、**図1**から**図5**の順番にていねいに折ってみましょう。これができれば、いろいろなものが折れるようになりますよ。」
ひろし　「これならうまく折れそうです。やってみます。」

折り紙

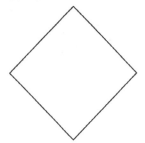

図1

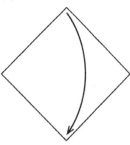

角を合わせて半分に折る。

図2

角を合わせてもう一度半分に折る。

図3

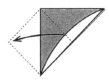

矢印の方へ開いて、つぶすように四角に折り、**図4**にする。

図4

図5

図4をうら返し、**図3**と同じように折る。

問題2　**図4**を開いたとき、**折り紙**にはどのような折り目がついているでしょうか。
　　　　折り目を**解答用紙**の**折り紙**に実線（──）でかき入れなさい。
　　　　ただし、問題用紙や解答用紙を折ったり切ったりしてはいけません。
　　　　なお、**解答用紙**の**折り紙**の点線（………）は、**図5**を開いたときの折り目を
　　表したものです。

ひろしさんたちは、歴史と文化について展示されているコーナーに行きました。

年表	
時代	主なできごと
古墳 飛鳥	漢字、仏教などが大陸から伝わる。 小野妹子が遣隋使となる。 第1回遣唐使が送られる。
奈良	東大寺の大仏ができる。 鑑真が中国（唐）から日本にわたる。
平安	遣唐使が停止される。 かな文字の使用が広がる。 女性による文学作品が多く生まれる。 藤原氏がさかえる。

絵1
奈良時代の貴族の服装

絵2
平安時代の貴族の服装

案内係　「ここには、いろいろな時代の貴族の女性の服装を展示しています。」
ひろし　「**絵1**と**絵2**の服装にはちがいが見られるね。」
ゆうき　「**年表**をもとに二つの貴族の服装のちがいについて考えると、奈良時代は

ア

　　　　　と考えられ、平安時代になると

イ

　　　　　と考えられるね。」
ひろし　「服装や文字など、人々のくらしは時代の背景とかかわっているのだね。」

問題3　　ア　、　イ　にはどのようなことばが入るでしょうか。あなたの考え
　　　を書きなさい。

　　　ひろしさんたちは、文字の歴史についての資料を見て、話をしています。

資料1

於	衣	宇	以	安
お	え	う	い	あ
お	え	う	い	あ

資料2

於	江	宇	伊	阿
オ	エ	ウ	イ	ア
オ	エ	ウ	イ	ア

案内係　「かな文字は万葉仮名として使われた漢字をもとにつくられたのですよ。
　　　　資料1と**資料2**を見るとつくられ方がわかりますよ。」
かずこ　「本当だ。ひらがなとかたかなは、つくられ方がちがうようだよ。」
ゆうき　「ひらがなは

ア

ようだね。
　　　かたかなは

イ

ようだね。」
ひろし　「これらのかな文字をわたしたちが受けついで使っているのだね。」

問題4　　ア　、　イ　にはどのようなことばが入るでしょうか。あなたの考え
　　　を書きなさい。

— 3 —

K 教英出版

2 あきらさんは、夏休みに、家族で山のキャンプ場に出かけました。

あきらさんたちは、到着後、図1に示している川にそってA地点からB地点に向かって探検しています。A地点で図2のように積み重なった地層を見つけました。

図1　キャンプ場周辺の様子

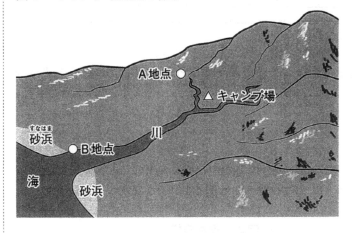

図2　A地点の地層

あきら　　「よく見ると、**れきと砂の層**には丸みを帯びた**れき**がたくさんあるね。」

お父さん　「**れきと砂の層**にあるれきの中から、海にすむ魚や貝の化石がふくまれたものが見つかったそうだよ。」

お母さん　「その化石をふくんだ**れき**も、丸みを帯びていたよね。」

みどり　　「どうして**A地点**で見つかったのかな。」

お父さん　「その理由は、**れき**が海にすむ魚や貝の化石をふくんでいたことと、丸みを帯びていたことから考えられるよ。」

あきら　　「つまり、はじめに、海底にたい積した層の中で化石ができ、その後、

　　　　　　└─────────────────────────────────┘

　　　　　　ということだね。」

問題1　　　　　　　にはどのようなことばが入るでしょうか。あなたの考えを書きなさい。

— 4 —

あきらさんたちは、河口付近の**B地点**に着きました。

お父さん　「この辺りは、丸くて小さい石がたくさんあるね。」
みどり　　「よく見ると、形が丸い石ばかりではなく、角ばった石もあるよ。」
お母さん　「それに、小さな穴がたくさん空いた石もあるよ。」
あきら　　「角ばった石や小さな穴が空いた石がここにあるということは、
　　　　　　[　　　　　　　　　　　　　　　　　　　　　　　　　]というこ
　　　　　　とが考えられるね。」

問題2　[　　　　]にはどのようなことばが入るでしょうか。あなたの考えを書きな
　　　　さい。

　　探検を終えたあきらさんたちは、自分たちが住む地域の川のことについて話をし
ています。以前は**図3**の様子だった川が、現在は**図4**のように変わっています。

図3　以前の様子

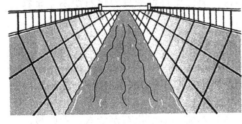

図4　現在の様子

お母さん　「以前は、両岸をコンクリートで固めていたね。」
お父さん　「大雨がふって水が大量に流れるときに、両岸がくずれないようにする
　　　　　　ためだね。」
みどり　　「では、なぜ現在のような川にしたのかな。」
お母さん　「災害を防ぎつつ、より自然な川にするためだよ。」
みどり　　「おかげで、景色が美しくなり、川遊びもできるようになったね。」
あきら　　「それだけじゃないよ。
　　　　　　[　　　　　　　　　　　　　　　　　　　　　　　　　　　]
　　　　　　など自然を守ることにもつながっているのだよ。」

問題3　[　　　　]にはどのようなことばが入るでしょうか。あなたの考えを書きな
　　　　さい。

あきらさんたちは、野外調理場で夕食の野菜いためをつくる準備をしています。

みどり　　「まずはしっかり手を洗いましょう。」

お父さん　「夏は気温や湿度が高いから、食中毒などの感染症には十分気をつけなければならないね。」

みどり　　「**野菜いためを調理する時に、食中毒を予防するためにできること**には手を洗うこと以外にどんなことがあるのかな。」

あきら　　「[　　　　　　　　　　　　　　　]ことなどがあるね。」

問題4　[　　　]にはどのようなことばが入るでしょうか。あなたの考えを書きなさい。

次の日の朝、あきらさんたちは、みそしるをつくる準備をしています。

お母さん　「まずは煮干し（いりこ）をなべの水につけましょう。３０分ぐらいつけておくと、よりおいしいだしがとれるのよ。」

あきら　　「水につける前に、**煮干しにひと手間かける**ことによって、よりおいしいだしがとれるよ。」

みどり　　「どんなことをするのかな。」

あきら　　「[　　　　　　　ア　　　　　　　]ことだよ。」

みどり　　「何のために、そうするのかな。」

あきら　　「[　　　　　　　イ　　　　　　　]ためだよ。」

問題5　[　ア　]、[　イ　]にはどのようなことばが入るでしょうか。あなたの考えを書きなさい。

3 ひろきさんの学級ではお楽しみ会の準備をしています。

　ひろきさんの班は、かるた大会の運営をすることになり、試合の進め方について話し合っています。

表1

表2

	A	B	C	D	E	F	勝敗
Aチーム							勝 敗
Bチーム							勝 敗
Cチーム							勝 敗
Dチーム							勝 敗
Eチーム							勝 敗
Fチーム							勝 敗

ひろき　「わたしたちの学級には３０人いるから、５人ずつで６つのチームをつくろう。」

かなこ　「試合の進め方については、**表1**のようにトーナメント戦で優勝を決めるのはどうかな。トーナメント戦というのは１試合ごとに負けたほうが１チームずつ減っていき、最後に残った１チームが優勝となるやり方だよ。」

たける　「総当たり戦という方法もあるよ。総当たり戦というのは６つのチームがどのチームとも１回ずつ試合をするやり方だよ。**表2**を使って結果を整理するとわかりやすいね。」

ひろき　「どちらがいいかな。<u>総当たり戦だと６×５÷２＝１５で全部で１５試合を行う</u>ことになるね。
　　　　たしかに　　　　　　　　　　　　　　　　　　から、トーナメント戦よりも総当たり戦のほうが、学級のみんなにとって、よりよい進め方だと思うよ。」

問題1　ひろきさんは「総当たり戦だと６×５÷２＝１５で全部で１５試合を行う」と言っています。ひろきさんはどのように考えて「<u>６×５÷２</u>」という式を立てたのでしょうか。あなたの考えを書きなさい。

問題2　　　　　　にはどのようなことばが入るでしょうか。「トーナメント戦」と比べたときの「総当たり戦」の短所と長所についてふれながら、あなたの考えを書きなさい。

　つばささんの班は、**例**のような「漢字しりとり」クイズをつくっています。

　　例　| 気候　→　工事　→　自由　→　有名 |

つばさ　「この『漢字しりとり』クイズは、二字熟語の二番目の漢字と、音は同じだけれど別の漢字で始まる二字熟語を考えて、しりとりをしていくルールだよ。次のような問題を考えてみたよ。」

　　　　| 答案　→　安 ア 　→　 イ 図　→　 ウ 心　→　真理 |

問題3　 ア 　〜　 ウ 　に入る**漢字一字**をそれぞれ書きなさい。

ふみやさんの班は、算数クイズを出すことにしました。そこで、ふみやさんたちは、先生のところへ相談に行きました。

$$\frac{1}{2} \quad \frac{1}{3} \quad \frac{2}{3} \quad \frac{1}{4} \quad \frac{3}{4} \quad \frac{1}{5} \quad \frac{2}{5} \quad \frac{3}{5} \quad \frac{4}{5} \quad \frac{1}{6} \quad \frac{5}{6} \quad \frac{1}{7} \quad \frac{2}{7} \quad \frac{3}{7} \quad \frac{4}{7} \quad \frac{5}{7} \quad \frac{6}{7}$$

先　生　「これらの数は分母が2から7までの真分数です。ただし、約分できる分数は除いています。これらを小さい順に並べかえてください。」

ふみや　「はい、並べかえました。」

$$\frac{1}{7} \quad \frac{1}{6} \quad \frac{1}{5} \quad \frac{1}{4} \quad \frac{2}{7} \quad \frac{1}{3} \quad \frac{2}{5} \quad \frac{3}{7} \quad \frac{1}{2} \quad \frac{4}{7} \quad \frac{3}{5} \quad \underset{①}{\frac{2}{3}} \quad \underset{②}{\frac{5}{7}} \quad \underset{③}{\frac{3}{4}} \quad \underset{④}{\frac{4}{5}} \quad \frac{5}{6} \quad \frac{6}{7}$$

先　生　「この数の並びにはおもしろい規則があります。一つ目の規則は、並んだ二つの真分数についてです。大きい方から小さい方を引くと、分子は必ず1になるというものです。」

れいこ　「①と②だと $\dfrac{5}{7} - \dfrac{2}{3} = \dfrac{1}{21}$、②と③だと $\dfrac{3}{4} - \dfrac{5}{7} = \dfrac{1}{28}$ 、本当だ。」

先　生　「二つ目の規則は、並んだ三つの真分数についてです。例えば、①、②、③だと、①と③の分母の和は 3 + 4 = 7 で、分子の和は 2 + 3 = 5 です。これらを分母と分子とする分数が②になっています。」

ふみや　「そうか。真ん中の真分数の分母は、その両どなりの真分数の分母の和で、同じように分子は、両どなりの分子の和になっているという規則ですね。」

あきお　「でも、この規則は②、③、④では成り立たないのではないですか。」

れいこ　「いいえ。ちゃんと成り立ちますよ。なぜなら、

　　　　　　　　　　　　　　　　　　　　　　　　　　　　　　　　　　

　　　　　からです。」

先　生　「その通り。この二つの規則は、真分数の分母が2から7までだけでなく、2からどんなに大きな数まででも成り立つのですよ。」

問題4　　　　　にはどのようなことばが入るでしょうか。具体的な**数**や**式**を用いて、あなたの考えを書きなさい。

　ふみやさんたちは、先生の話をもとに、算数クイズをつくりました。

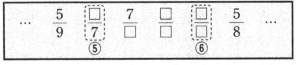

ふみや　「これは、分母が2から13までの真分数を小さい順に書き並べたものの一部分だよ。」

あきお　「先生がおっしゃった規則を使うと、⑤は　ア　で、⑥は　イ　だとわかるね。」

問題5　　ア　、　イ　にあてはまる数を答えなさい。

— 8 —

4 かおるさんの学級では学習発表会の準備をしています。

かおるさんの班は、太陽光発電について発表することにしました。同じ班のけんたさんの家は、太陽光発電でつくった電気を使っています。かおるさんたちは、けんたさんの家と屋根の様子をかいた図を見ながら話をしています。

図

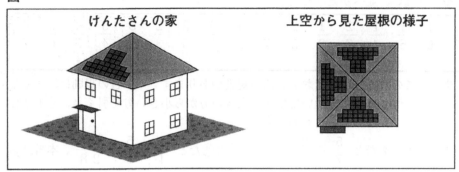

けんた　「太陽光で発電するために屋根に取り付けているものは、理科の授業で学習した光電池だよ。」

まゆこ　「学習したものがけんたさんの家に使われているね。ところで、どうして屋根の三つの面だけに光電池を取り付けているのかな。」

かおる　「近くの建物などで、一つの面には、かげができるからかな。」

けんた　「家の近くには、建物や木はないよ。」

まゆこ　「わかった。光電池を屋根の三つの面に取り付けているのは、太陽の動きと関係しているのだね。つまり、

ア

だね。」

かおる　「なるほど。それなら、電気をつくるはたらきがもっとも大きいのは、昼ごろだよね。」

けんた　「電気をつくるはたらきは、時刻だけでなく天気によっても変わるから、必ずしもそうとは言えないよ。」

まゆこ　「電気をつくるはたらきは、光電池に当たる光の　イ　や　ウ　に関係するからだね。」

問題1　　ア　にはどのようなことばが入るでしょうか。あなたの考えを書きなさい。

問題2　　イ　、　ウ　にはどのようなことばが入るでしょうか。あなたの考えを書きなさい。

かおるさんの班は、光電池がつくった電気が、その後どのように使われるかについて、くわしく調べてみることにしました。数日後、次の**グラフ1**と**グラフ2**について、先生と話をしています。

グラフ1

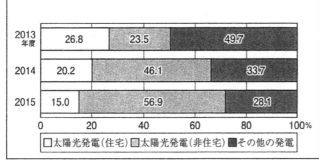

日本の再生可能なエネルギーの買取電力量の割合(わりあい)

	太陽光発電（住宅）	太陽光発電（非住宅）	その他の発電
2013年度	26.8	23.5	49.7
2014	20.2	46.1	33.7
2015	15.0	56.9	28.1

□太陽光発電（住宅）　太陽光発電（非住宅）　■その他の発電

グラフ2

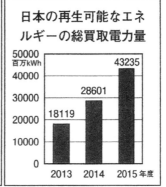

日本の再生可能なエネルギーの総買取電力量

年度	百万kWh
2013	18119
2014	28601
2015	43235

（グラフ1、グラフ2ともに資源(しげん)エネルギー庁(ちょう)の資料をもとに作成）

けんた　「先生。**グラフ1**の『再生可能なエネルギー』とは何のことですか。」
先　生　「それは、自然を生かしたエネルギーのことだよ。太陽光以外に　ア　や　イ　などがあるよ。」
かおる　「**グラフ1**の『太陽光発電（住宅(じゅうたく)）』は、住宅に取り付けた光電池でつくった電気のことですよね。」
先　生　「そのとおりだよ。」
まゆこ　「家庭で使い切れず余った電気を他の場所で使うために、電力会社が買い取っているのだね。つくった電気をむだにしないよいしくみだね。」
先　生　「他の再生可能なエネルギーについても買い取るしくみになっているのですよ。」
けんた　「**グラフ2**を見ると、総買取電力量は年々増えていることがわかるよ。」
かおる　「**グラフ1**を見ると、太陽光発電（住宅）の買取電力量は減っているように見えるけれど、本当はどうなのかな。」
まゆこ　「最近は光電池を取り付ける住宅が増えているみたいだから、太陽光発電（住宅）の買取電力量は増えているのではないかな。」
先　生　「太陽光発電（住宅）の買取電力量の変化を正しく知るには、**グラフ1**と**グラフ2**を関係づけて読み取る必要がありますね。」

問題3　　ア　、　イ　にはどのようなことばが入るでしょうか。あなたの考えを書きなさい。

問題4　太陽光発電（住宅）の買取電力量はどのように変化していますか。2013年度と2015年度の太陽光発電（住宅）の買取電力量を求めて説明しなさい。なお、総買取電力量については、**四捨(しゃ)五入して上から2けたのがい数にして計算しなさい。**

平成三十年度県立中学校入学者選抜作文問題

（四十五分）

次の文章を読んで、あとの問題に答えなさい。

ロン・クラーク著（亀井まし子訳）『みんなのためのルールブック』は、子どもたちが、おたがいに思いやりをもって楽しく勉強できるように、そして大人になってからも、毎日を大切にして、充実した生活を送れるようにとの願いをこめてつくられた本です。この本には「あたりまえだけど、とても大切なこと」として五十のルールが示してあります。それらの中に、次の①～③のルールがあります。

受検番号

---

① 人の名前をしっかりおぼえよう

② 相手の目を見て話そう

③ 意外な親切でびっくりさせよう

問題　あなたは、筆者がこれらのルールを大切だと思うのはなぜだと考えますか。①～③の中から一つを選び、選んだルールについて筆者が大切だと思う理由を、あなたの経験をもとに感じたり考えたりしたことと関連させて五百字以上六百字以内で解答用紙に書きなさい。

【注意】

一、選んだルールの番号を最初に書いてください。

二、題名や名前は書かないでください。

三、原こう用紙の一行目から書き始めてください。

四、必要に応じて、段落に分けて書いてください。

1 問題1

問題2 折り紙

問題3 ア

イ

問題4 ア

イ

受検番号

1 問題1. 3点×2 問題2. 7点 問題3・4. 4点×4

2 問題1. 10点 問題2・3. 6点×2 問題4. 4点 問題5. 3点×

2 問題1

問題2

問題3

問題4

問題5 ア

イ

解答用紙　平成三十年度県立中学校入学者選抜作文

あなたが選んだルールの番号

※70 点満点

(配点非公表)

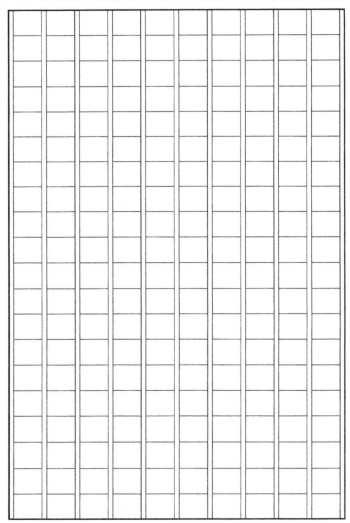

600 500

K 教英出版

平成２９年度

県立中学校入学者選抜

適 性 検 査 問 題

長 崎 東 中 学 校
佐 世 保 北 中 学 校
諫早高等学校附属中学校

1

しんたさんの学級では、通学路の清掃をしてくださっているボランティアの方々と交流会を行うことにしました。

しんたさんは、ボランティア代表の田中さんに**手紙**を書きました。

手紙

夏になり、だんだんと熱く(例)なってきました。
いつもわたしたちのために通学路をきれいにしてくださって、ありがとうございます。わたしたちの学級では、いつもお世話になっているボランティアのみなさんへのお礼の気持ちをこめて、交流会を行いたいと考え、次のとおり計画しました。

・日時 平成二十八年七月十四日（木）午前十時～十二時
・場所 △△公民館
・内容 レクリエーションなど

代表を努めていらっしゃる田中さんから、たくさんの方々に参加をよびかけていただけるとありがたいです。みなさんに会うのを楽しみにしています。

七月一日　　　○○小学校六年一組一同
ボランティア代表　田中おさむ　様

しんた　「代表の田中さんにこの**手紙**を送って、ボランティアのみなさんに交流会への参加をよびかけてもらおうと考えているんだ。」
さくら　「いくつか書き直したほうがよいところがあるみたいだよ。相手に失礼にならないように、敬語にしたほうがよいところがあるね。」
ゆみこ　「そうだね。それに、『熱く』は『暑く』が正しいね。ほかに漢字の誤りはないかな。」

問題1　しんたさんは、――― 線を引いた部分を敬語に直すことにしました。どのように書き直すとよいでしょうか。あなたの考えを書きなさい。

問題2　手紙の中から(例)以外の漢字の誤りを一つ見つけ、(例)にならって正しく書き直しなさい。
　　　　(例)　熱く→暑く

しんたさんたちは、交流の内容について話し合いをしています。

しんた　「音楽の授業で学習した歌を歌うのはどうだろう。」
ゆみこ　「『ふるさと』はどうかな。」
しんた　「その歌ならボランティアのみなさんもきっと知っていると思うよ。」
さくら　「『ふるさと』の１番の**歌詞**はこれだね。」

歌詞

『ふるさと』
うさぎ追いし　かの山
小ぶなつりし　かの川
夢は今も　めぐりて
忘れがたき　ふるさと

しんた 「この**歌詞**にどのような思いがこめられているか考えて歌ったらいいね。」

さくら 「この**歌詞**には、 ア という思いがこめられているのだったね。」

ゆみこ 「そうだね。楽譜(がくふ)をよく見て歌い方もくふうするといいね。」

しんた 「ほかにも学校で学習したことをしょうかいしたいな。」

ゆみこ 「国語の授業で学習した俳句はどうかな。」

しんた 「それはいいね。どの句がいいかな。」

ゆみこ 「わたしは『菜の花や月は東に日は西に』という与謝蕪村(よさぶそん)の俳句をしょうかいしたいな。」

しんた 「その俳句でよまれている季節は イ だったね。」

さくら 「わたしは最初、月が出ている夜の情景がよまれているのだと思っていたよ。でも、この俳句は夜の情景ではなく ウ の情景をよんだものだったね。」

問題3 ア ～ ウ にはどのようなことばが入るでしょうか。あなたの考えを書きなさい。

交流会当日、しんたさんが公民館へ行くと、**写真**のような水飲み場がありました。

しんた 「このような形の水飲み場は初めて見ました。」

田中さん 「この水飲み場には、ユニバーサルデザインが取り入れられているんだよ。」

しんた 「ユニバーサルデザインとは何ですか。」

田中さん 「ユニバーサルデザインとは、すべての人にとって使いやすい形や機能を考えたデザインのことなんだよ。」

写真

問題4 **写真**の水飲み場には、どのような人のために、どのようなくふうがなされているでしょうか。あなたの考えを**二つ**書きなさい。

— 2 —

交流会後、しんたさんたちは、興味をもったことについて調べるため、学校図書館に行きました。そこで見つけた**グラフ１**と**グラフ２**を見ながら話をしています。

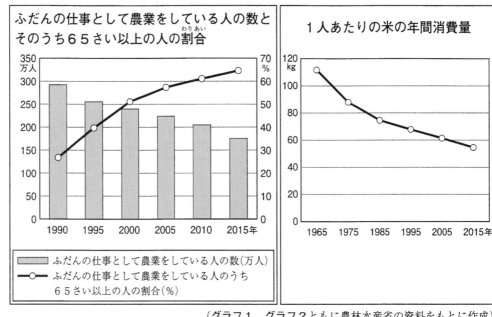

グラフ１

ふだんの仕事として農業をしている人の数とそのうち６５さい以上の人の割合

凡例：
　ふだんの仕事として農業をしている人の数(万人)
　ふだんの仕事として農業をしている人のうち
　６５さい以上の人の割合(％)

グラフ２

１人あたりの米の年間消費量

（グラフ１、グラフ２ともに農林水産省の資料をもとに作成）

しんた　「ボランティアの方々の中に、米づくりなどの農業をしている方がいたね。」
ゆみこ　「その方のお話では、昔は手作業だったけれど、さまざまな農業機械が取り入れられたことで作業が楽になり、作業にかかる時間も短くなったそうだよ。」
しんた　「それはよいことだね。」
ゆみこ　「でも、農業がかかえる問題もあるそうだよ。」
しんた　「そうか。**グラフ１**を見ると、

　　　　　　ということがわかるね。」
さくら　「それに、**グラフ２**を見ると、米の消費量が減っていることがわかるよ。」
ゆみこ　「そうだね。そういえば、米の消費量を増やすためにいろいろな取り組みが行われているそうだよ。」

問題５　　　　　　にはどのようなことばが入るでしょうか。**グラフ１**を参考にして、あなたの考えを書きなさい。

問題６　ゆみこさんは「米の消費量を増やすためにいろいろな取り組みが行われている」と言っています。どのような取り組みが考えられるでしょうか。あなたの考えを書きなさい。

2 なおこさんは、お父さんの誕生日会の準備をしています。

　なおこさんは、プレゼントとして、手帳とその手帳を入れるきんちゃくをわたす
予定です。そこで、お母さんといっしょにきんちゃくを作ろうとしています。

なおこ　　「この手帳を入れるきんちゃくを作るためには、手帳
　　　　　の大きさにぬいしろを足した分の布を準備すればい
　　　　　いよね。」
お母さん　「この手帳を入れるためには、ぬいしろを足しただけ
　　　　　では布が足りないわよ。」
なおこ　　「そうか、きんちゃくはひもでしぼるから、その大きさでは、きんちゃ
　　　　　くの出し入れ口がしまらなくなるね。」
お母さん　「そうよ。それに　　　　　　　　　　　　　　　　　　　　ためにも
　　　　　布にゆとりが必要なのよ。」
なおこ　　「ゆとりをどれくらいとればいいかわかりにくいから、手帳を布の上に
　　　　　置いて考えてみるね。」
お母さん　「それはいい考えね。ぬいしろについてはこのメモを参考にしてね。」

メモ　・ぬいしろは両わきと出し入れ口に必要
　　　・両わきのぬいしろはそれぞれ2cm
　　　・出し入れ口は三つ折りにするので、出し入れ口のぬいしろは4cm
　　　・底はわにするので、ぬいしろは不要

なおこ　　「たてと横のゆとりは、それぞれ手帳のたてと横の長さの0.4倍の長
　　　　　さにしたよ。しるしをつけてから布をたつね。」
お母さん　「できあがりの形や大きさをよく考えて布を準備することが大事ね。」

問題1　　　　　　　にはどのようなことば
　　　　が入るでしょうか。あなたの考え
　　　　を書きなさい。

問題2　なおこさんは図のように布をた
　　　ちました。きんちゃくを作るため
　　　に必要な布のたてと横の長さを答
　　　えなさい。
　　　　ただし、手帳の入れ方は、図の
　　　とおりとします。また、手帳の大
　　　きさは図の30cmものさしの目
　　　もりのとおりとします。

図　　　　↓出し入れ口

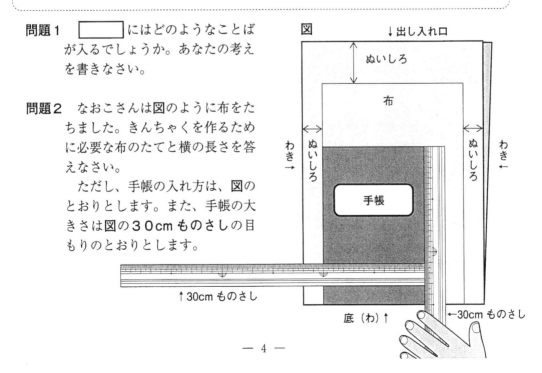

— 4 —

誕生日会当日、なおこさんとお母さんは食事の準備をしています。

お母さん　「たきこみごはんを作ろうと思うのだけれど、今日はこの料理の本のとおりに、そうめんつゆを使ってみるわね。」

なおこ　「そうめんつゆのラベルに『５倍濃縮』と書いてあるね。どういう意味なの。」

お母さん　「水でうすめて５倍の量にして使うという意味よ。例えば、このそうめんつゆを２０mL使うとしたら、水を加えて５倍の１００mLにすればいいということなのよ。だから水を８０mL加えることになるわ。」

なおこ　「そういうことなのね。でも料理の本の材料と分量には、３倍濃縮と書いてあるけれど、家には５倍濃縮のそうめんつゆしかないよ。どうしたらいいの。」

お母さん　「同じ濃さになるように、計算したらいいわよ。」

なおこ　「わかったよ。３倍濃縮のそうめんつゆで４０mL必要だから、５倍濃縮のそうめんつゆは [　　　　　] mL必要になるね。」

お母さん　「そうね。」

材料と分量

たきこみごはん	
米	３２０g
とりもも肉	１００g
にんじん	１００g
しめじ	５０g
そうめんつゆ（3倍濃縮）	４０mL
塩	1g
酒	5mL

問題３　[　　　　]　にあてはまる数を答えなさい。

なおこ　「この果汁１００％オレンジジュースは、ラベルに濃縮還元と書いてあるよ。どういう意味なの。」

お母さん　「このジュースは、しぼった果汁の水分を一度蒸発させて濃縮し、再び水などを加えて元の濃さにもどしているのよ。」

なおこ　「どうしてそのような手間をかける必要があるのかな。」

お母さん　「原料のオレンジはアメリカ産よね。オレンジの果汁をアメリカで濃縮して、日本に運んで水などを加えて、販売するのよ。濃縮することで保存性が高くなるのよ。」

なおこ　「そうか。ほかにも、[　　　　　　　　　　　　　] というよい面があるよね。」

お母さん　「そのとおりよ。」

問題４　[　　　　]　にはどのようなことばが入るでしょうか。あなたの考えを書きなさい。

3 あきらさんは、夏休みに、お父さん、お母さん、姉のゆきこさん、妹のみどりさんと、バスで森林公園に出かけることになりました。

　森林公園に行く前日、あきらさんとみどりさんは、**図**を見ながら森林公園までのコースについて話をしています。自宅近くのバス停から森林公園までは、一度バスターミナルでバスを乗りかえて行く必要があります。

図

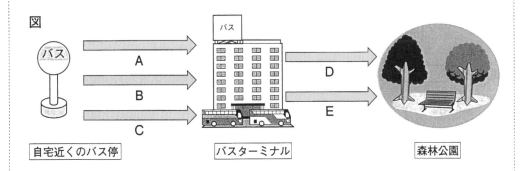

あきら　「自宅近くのバス停からバスターミナルまでは、A、B、Cの三つのコース、バスターミナルから森林公園まではD、Eの二つのコースがあるね。つまり、自宅近くのバス停から森林公園までのコースはA→D、A→E、B→D、B→E、C→D、C→Eの6通りだね。」

みどり　「わたしはバスによることがあるから、バスに乗っている時間が短いコースで行きたいな。」

あきら　「それなら、道のりが一番短いコースを選んだ方がいいね。6通りのコースのうち、どのコースが一番道のりが短いのかな。」

お父さん　「**ヒント**をいくつか紙に書いてあげるから、自宅近くのバス停から森林公園までの道のりが一番短いコースとその道のりを考えてみてごらん。」

ヒント

①　Cの道のりは20kmである。
②　A、B、Cの所要時間を平均すると30分である。
③　A→D、C→Eの所要時間は、どちらも1時間20分である。
④　B→Dの道のりは35kmである。
※バスは時速30kmで走ることとする。
※「所要時間」とはバスに乗っている時間とする。

問題1　自宅近くのバス停から森林公園までの道のりが**一番短いコース**とその道のりを答えなさい。

森林公園に到着し、あきらさんたちが遊びに行こうとすると、お母さんが声を
かけました。

お母さん　「今日は日差しが強くてむし暑いから、熱中症に十分気をつけてね。」
みどり　　「熱中症にならないようにするためには、水分をこまめにとればいいん
　　　　　　だよね。」
ゆきこ　　「水分をこまめにとること以外にも、熱中症にならないようにするため
　　　　　　に大切なことがあるよ。」
あきら　　「　　　　　　　　　　　　　　　　　　　　　　ことも大切だよね。」

問題2　[　　　　]にはどのようなことばが入るでしょうか。あなたの考えを二つ書き
なさい。

　あきらさんたちは、森林公園にある観察池に行きました。池の中にメダカがいた
ので、観察をしています。

あきら　　「よく見ると、たまごからかえったばか
　　　　　　りのメダカがいるよ。」
みどり　　「どうして、かえったばかりのメダカだ
　　　　　　とわかるの。」
あきら　　「はらのふくらみが残っているからだ
　　　　　　よ。」

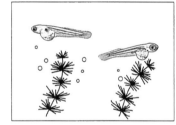

ゆきこ　　「理科の授業で習ったことを思い出したけれど、発芽したばかりのインゲ
　　　　　　ンマメと共通点があるね。」
みどり　　「たまごからかえったばかりのメダカと発芽したばかりのインゲンマメに
　　　　　　は、どのような共通点があるのかな。」
あきら　　「　　　　　　　　　　　　　　　　　　　　　　　　　　　
　　　　　　というところだね。」

問題3　[　　　　]にはどのようなことばが入るでしょうか。あなたの考えを書きなさい。

あきらさんは、モーターとかん電池で動く手づくりの船を、水にうかべて動かしてみました。

みどり　「あれ、モーターが逆に回転して、船が後ろ向きに進んでいるよ。どうしたら、前に進むようになるのかな。」

あきら　「[　　　　　　　　　　　　　　　　　　　　　　　　　]といいと思うよ。やってみよう。」

みどり　「ちゃんと前に進んだね。」

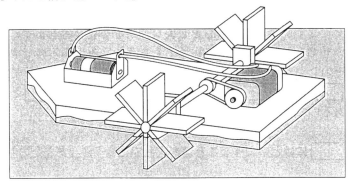

問題4　[　　　　]にはどのようなことばが入るでしょうか。あなたの考えを書きなさい。

4　かおりさんとこうへいさんの学級では、学習発表会の準備をしています。

　かおりさんの班は、日本の自動車づくりについて発表することにしました。そこで、自動車工場に出かけ、案内係の人と話をしています。

かおり　「自動車1台をつくるためには、2万個から3万個もの部品が必要だと知り、おどろきました。」

案内係　「それらの部品は、多くの関連工場でつくられているのですよ。」

たけし　「関連工場でつくられた部品を、この工場に運ぶのですね。」

案内係　「そうですよ。必要な部品を必要な分だけ必要な時刻までに、自動車を組み立てるこの工場に送り届けてもらうしくみがあるのです。」

かおり　「そのしくみは学校でも学習しました。そのしくみによって、
　　　　　[　　　　　　　　　　　　　　　　　　　　　　　　　]というよい面があるのですよね。」

問題1　[　　]にはどのようなことばが入るでしょうか。あなたの考えを書きなさい。

　かおりさんたちは、案内係の人から、海外で販売する自動車もこの工場で生産しているという話を聞きました。

かおり　「日本のメーカーの自動車は、海外でも人気があるのですね。」

案内係　「性能がよく、乗りごこちもよい日本のメーカーの自動車は、世界のさまざまな場所で走っているのですよ。」

たけし　「海外で販売する自動車は、すべて日本国内でつくり、輸出するのですか。」

案内係　「**グラフ**を見てください。日本国内で生産したものを輸出するだけでなく、海外での生産も増えているのですよ。」

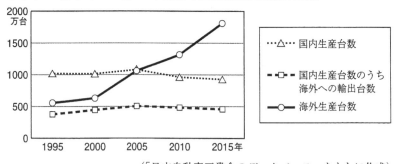

グラフ　日本のメーカーの自動車生産台数と輸出台数

（「日本自動車工業会のデータベース」をもとに作成）

かおり　「１９９５年と２０１５年の国内と海外の生産台数を比べると、海外生産台数が大幅に増えていますね。」

たけし　「自動車の海外生産が増えたことでよい面もあるのですが、日本国内では新たな問題も出てきていると聞いたことがあります。」

かおり　「生産の多くが海外で行われると、

ということが考えられますね。」

問題２　　　　　　　　にはどのようなことばが入るでしょうか。あなたの考えを書きなさい。

　こうへいさんの班は学習発表会で算数クイズを出すことにしました。そこで、こうへいさんは同じ大きさの黒玉と白玉に、同じ長さの棒をさし、**図１**のような立方体の模型を作りました。

図１

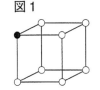

えりか　「この模型を使ってどんなクイズを出すの。」

こうへい　「黒玉と白玉の配置に関するクイズを出そうと思っているんだ。例えば、黒玉１個の場合、**図２**のように黒玉の位置は８か所考えられるね。でも、模型を回転させると黒玉はすべて**図１**と同じ位置にくるよね。だから、黒玉と白玉の配置は１通りと考えることにするよ。」

図２
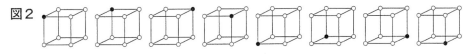

えりか　「黒玉１個の場合の黒玉と白玉の配置は１通りということだね。」

こうへい　「そうだよ。では、黒玉２個の場合の黒玉と白玉の配置は何通りあるかな。」

えりか　「わかった。３通りだよね。」

こうへい　「正解。そこで算数クイズでは、黒玉４個の場合の黒玉と白玉の配置が何通りあるかを出そうと思うんだ。」

えりか　「おもしろそうだね。」

問題３　黒玉２個の場合の黒玉と白玉の配置は３通りあります。**解答用紙の図３の白玉**の１個をぬりつぶして黒玉にし、３通りの黒玉と白玉の配置を示しなさい。なお、黒玉２個のうち１個はすでにぬりつぶしてあります。

図３

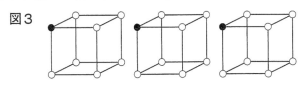

問題４　黒玉４個の場合の黒玉と白玉の配置は何通りあるか答えなさい。

K 教英出版

平成二十九年度県立中学校入学者選抜作文問題

（四十五分）

次の文章を読んで、あとの問題一、二に答えなさい。

日本ではよく「若者はもっと個性を発揮すべきだ」とか「個性を磨くべきだ」などと言われます。けれど私は、そういう言葉にはあまり意味がないと思っています。

また、日本では「個性」という言葉が主に人の外観に関して使われることも、私は違和感を持っています。たとえば、「個性的なファッション、個性的なスタイル」は、「人があっと驚くような奇抜なスタイル」であることが多いでしょう。

あるいは、他の誰も持っていないような特殊なスキルを持つことが個性的であることの条件のように受け取られていますね。

このように考えると、「個性＝人より目立つこと」と、多くの人が錯覚しているのではないかと思います。

でも、根本的なことを言ってしまえば、この世に生まれた人間は一人残らず全員、それぞれの個性を持っています。だから、誰かに「磨きなさい」と命令されて、義務のように磨く必要などないのです。

あなたが生まれ持った個性は、明らかにあなただけのものです。世界中にあなたと同じ個性を持つ人など誰一人としていないのですから、「他の人はどうかな？」とキョロキョロすることは不必要だし、他人の真似をする必要もありません。真似しようとしても真似できないのが、個性というものなのです。

あなた自身が「楽しい、面白い、不思議だ、ワクワクする、どきどきする」と感じ、心から求めているものを優先すれば、それでいいのです。「磨く」とか「発揮する」などと意識しなくても、自分が本当に好きなもの、興味があることに気持ちが向かっていけば、自分の世界がどんどん広がっていく。それが本当の意味で「個性を磨く」ということです。

いちばん良くないのは、親や先生の顔色をうかがったり、友達の反応を気にしたり、世間の思惑に振り回されたりしながら、「個性を磨かなきゃいけない」と無理をすることです。

そのうちに自分の軸足をどこに置いているかわからなくなり、自分力が失われ、結局は自分で自分の個性をつぶしてしまうことになりかねません。そういうネガティブなサイクルに入らないよう、気をつけてください。

（今北純一『自分力を高める』）

1	問題1	
	問題2	→
	問題3	ア
		イ ウ
	問題4	
	問題5	
	問題6	

受検番号

2	問題1	
	問題2	たて cm 横
	問題3	mL
	問題4	

解答用紙　平成二十九年度県立中学校入学者選抜作文

問題一

110

受検番号

〇

〇

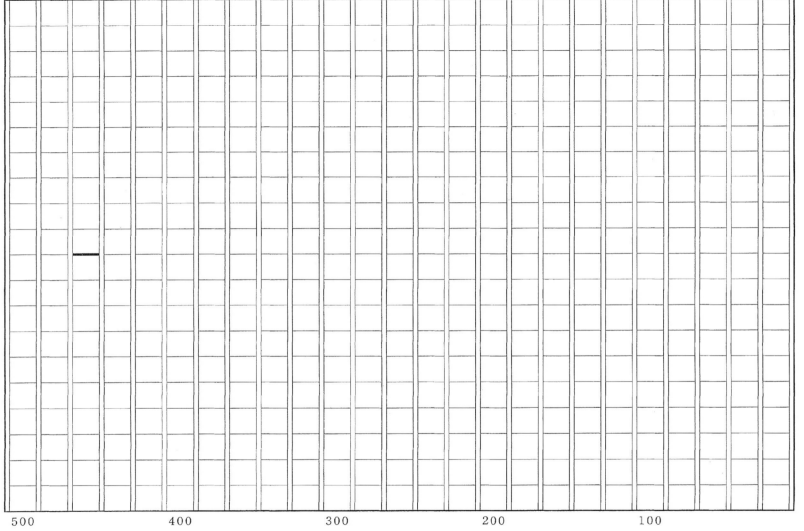

500　　　　　400　　　　　300　　　　　200　　　　　100

3

問題1　コース　→　道のり　＿＿＿ km

問題2

問題3

問題4

4

問題1

問題2

問題3

図3

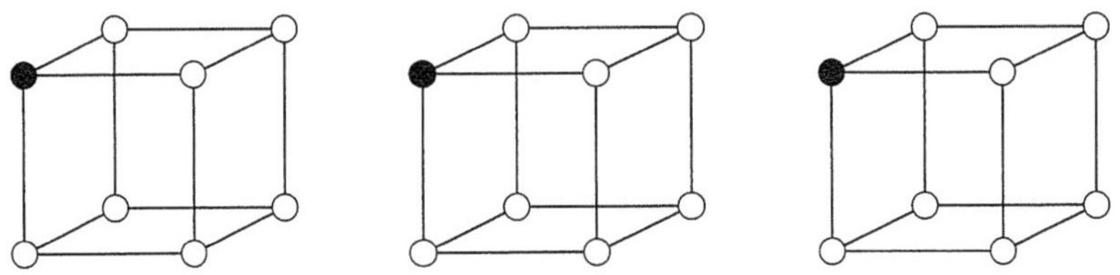

問題4　通り

（注）

違和感…しっくりしない感じ。

奇抜…とても風変わりなさま。

スキル…技能・技術。

錯覚…思いちがい。かんちがい。

思惑…考え。意図。

軸足…考えや行動などの重点。

ネガティブ…否定的な。消極的な。

【ひてい】

問題一　筆者は「個性」についてどのようにとらえ、「個性を磨く」ことについてどのよ

うに考えていますか。**九十字以上百十字以内**で**解答用紙**に書きなさい。

【注意】

一、　題名や名前は書かないでください。

二、　原こう用紙の一行目から書き始めてください。

三、　段落に分ける必要はありません。

問題二　この文章を読んで、あなたが考えたり感じたりしたことを、問題一で書いた内容

と関連させながら、**四百五十字以上五百字以内**で**解答用紙**に書きなさい。

【注意】

一、　題名や名前は書かないでください。

二、　原こう用紙の一行目から書き始めてください。

【だんらく】

三、　必要に応じて、段落に分けて書いてください。

受検番号 □

平成２８年度

県立中学校入学者選抜

適 性 検 査 問 題

長 崎 東 中 学 校
佐 世 保 北 中 学 校
諫 早 高 等 学 校 附 属 中 学 校

――― 《 注 意 》 ―――

1 「はじめ」の合図で書き始めます。それまで、この問題冊子を開いてはいけません。

2 問題冊子は、１ページから８ページまであります。

3 中に、解答用紙が、１枚入っています。答えは、すべて解答用紙に記入してください。

4 「はじめ」の合図があったら、まず、受検番号を、問題冊子と解答用紙の受検番号のらんに書いてください。

5 印刷がはっきりしなくて読めないときや、体の具合が悪くなったときは、だまって手をあげてください。

6 検査中は、話し合い、わき見、音をたてること、声を出して読むことなどをしてはいけません。

7 検査時間は６０分です。

8 「やめ」の合図で、えんぴつを置き、問題冊子と解答用紙は、机の上に置いて、教室から出てください。

たかしさんたちは、観光船に乗る前に海の様子を見ています。

会　　長　「風が出てきて、白波が立ってきたね。」
ゆみこ　　「『しらなみ』と言うのですね。」
たかし　　「白い波なのに、『しろなみ』とは言わないんだね。」
ゆみこ　　「漢字を組み合わせると、訓読みの読み方が変化する熟語があると学校で
　　　　　　習ったよね。ほかには何があるか、考えてみよう。」

問題3　下線の部分（〜〜〜〜）のような熟語のうち、「雨（あめ）」、「風（かぜ）」
　　を用いた漢字二文字の熟語を、**例**にならってそれぞれ**一つずつ**書きなさい。

　　　例　　⬚白⬚（しろ）＋ ⬚波⬚（なみ）→ ⬚白波⬚（しらなみ）

　　次の日、たかしさんたちは、学校で日本の石炭について先生と話をしています。

たかし　　「端島炭坑は１９７４年に閉山し、石炭の生産を終えたと聞きました。」
先　　生　「日本では、その前後で多くの炭鉱が閉山しているのですよ。」
ゆみこ　　「日本では、石炭は使われなくなったのですか。」
先　　生　**「日本の石炭の国内生産量と国内消費量の推移を示した資料があります。**
　　　　　　グラフを見てごらん。どんなことがわかりますか。」
ゆみこ　　「石炭の国内生産量は減っているのに、石炭の国内消費量は増えているこ
　　　　　　とがわかります。」
たかし　　「日本で使われている石炭のほとんどは ⬚⬚⬚⬚⬚⬚⬚⬚⬚⬚⬚⬚ と
　　　　　　いうことですね。石炭は今でも使われているのですね。」
先　　生　「そのとおりです。」

グラフ　日本の石炭の国内生産量と国内消費量の推移

（百万トン）

（経済産業省「エネルギー生産・需給統計年報」などをもとに作成）

問題4　⬚⬚⬚⬚ にはどのようなことばが入るでしょうか。**グラフ**を参考にして、あ
　　なたの考えを書きなさい。

問題は次のページから始まります。

1　たかしさんとゆみこさんは、地域の子ども会の行事で、子ども会の会長さんといっしょに、端島炭坑へ見学に行くことになりました。

たかしさんたちは、端島炭坑について会長さんと話をしています。

ゆみこ　「端島炭坑が世界遺産に登録されましたね。」

たかし　「ニュースでよく聞きますが、世界遺産とは何ですか。」

会　長　「ユネスコという国際連合の機関が登録した、人類共通の宝物である文化財や自然環境などのことだよ。残念なことに、すでに登録された遺産でも、くずれたり、こわされたりしているものもあるようだね。」

ゆみこ　「それは心配ですね。これからは、それらの世界遺産を　　　　　していく努力が必要ですね。」

問題1　　　　　にあてはまる、漢字二文字の熟語を一つ答えなさい。

たかしさんたちは、観光船乗り場に着きました。

ゆみこ　「たくさんの観光客がいますね。」

会　長　「世界遺産に登録されたので、観光客数が増えたそうだよ。」

たかし　「外国人観光客もたくさんいますね。」

会　長　「そうだね。外国人観光客も、観光を楽しめるように、いろいろなくふうが必要だね。」

ゆみこ　「この案内板には、そのようなくふうがありますね。」

問題2　ゆみこさんが見た案内板には、外国人観光客のためのどのようなくふうがあったと思いますか。あなたの考えを一つ書きなさい。

　　　　2けんとも午後2時から午後3時まで安売りの時間です。A店ではすべての**おみ**
　　やげが2割引きになり、B店では350円より高い**おみやげ**が350円になります。

　お父さん　「今、午後2時10分だね。せっかくだから、**おみやげ**を買っていこう。」
　けんじ　　「4種類全部の**おみやげ**を1個ずつ、できるだけ安く買いたいな。」
　ようこ　　「A店で｜　　ア　　｜、B店で｜　　　イ　　　｜を買えば、
　　　　　　　合計金額は｜　ウ　｜円で一番安くなるね。」

問題3　｜　ア　｜、｜　イ　｜にあてはまる**おみやげの名前**を答えなさい。また、
　　　｜　ウ　｜にあてはまる数を答えなさい。ただし、消費税は考えないものとしま
　　　す。

　　　けんじさんは、家に帰って山登りのことを作文に書きました。お母さんに見せる
　　と、いくつかの部分に―――線を引いてくれました。

　　夏休みに、家族四人で一ぱく二日で
　山登りに行きました。
　　一日目は、キャンプ場まで登ってと
　まりました。もうこれ以上歩けない、
　と思ったときにキャンプ場に着いたの
　で、**ア**　ほっとしました。
　　キャンプ場で見た星空はとてもきれ
　いで、**イ**　一しゅん息が止まりました。
　　二日目に、登山道の入口までもどっ
　てきたときは、とても満足感があり ま
　した。二日間で長いきょりを歩
　いたので、**ウ**　とても足がつかれました。
　　家に帰ってからも、家族みんなで夕
　食を食べながら、今回の山登りのこと
　で、**エ**　楽しい話が続きました。またみん
　なで行きたいです。

　お母さん　「よく書けているわね。でも、話すときや文章を書くときに慣用句を使
　　　　　　うと、伝えたいことが上手に伝えられるのよ。」
　けんじ　　「慣用句って、何のこと。」
　お母さん　「二つ以上の言葉が組み合わさって、新しい意味をもつようになった言
　　　　　　葉のことよ。例えば、『ほっとしました』は、『胸をなでおろしました』
　　　　　　という慣用句で表現することができるのよ。ほかにも慣用句で表現で
　　　　　　きる部分に線を引いておいたから、自分で調べて書きかえてごらん。」
　けんじ　　「わかった、やってみるよ。」

問題4　―――線の部分は、どのような慣用句を使って表現できますか。イ～エから
　　　一つ選び、例にならって書きなさい。
　　　　例　ア　→　胸をなでおろしました

2 みきこさんは、転校してきたばかりです。初めて友達を自分の家に招待することにしました。

みきこさんと弟のこうたさんは、友達への招待状に、小学校から自分の家までの地図をかきました。

記号

文 〒

みきこ 「招待状が完成したよ。明日、友達にわたしてくるね。」
こうた 「地図にある、この二つの**記号**は何を表しているのかな。」
みきこ 「これは小学校と郵便局（ゆうびんきょく）の地図記号だよ。」
こうた 「おもしろいね。では、<u>消防署（しょうぼうしょ）の地図記号はどのようにかくの</u>。」

問題1 こうたさんは「<u>消防署の地図記号はどのようにかくの</u>」と言っています。消防署の地図記号は、次のうちどれでしょうか。次の**ア～オ**から**一つ**選び、記号で答えなさい。

ア　イ　ウ　エ　オ

当日、友達のしおりさんから、電話がかかってきました。

招待状にかいた地図

わたしの家までの地図　わたしの家↓

消防署●

公園　花屋●　●薬局

川

〒　　●パン屋
　　　●文化ホール

文

しおり 「今、みきこさんの家に向かっているのだけれど、道がわからないから教えてくれないかな。」
みきこ 「地図はどうしたの。」
しおり 「実は地図を忘（わす）れてしまったの。」
みきこ 「そうなんだね。今どこにいるのかな。」
しおり 「文化ホールよ。目印となる建物などや方向を言ってくれると、よくわかるのだけれど。」
みきこ 「いいよ。では、説明をするからメモをとってね。文化ホールを出て右に進み、パン屋の前を通り過ぎる。そして、

[   ]

しおり 「よくわかったよ。ありがとう。」

問題2 [   ]にはどのような説明が入るでしょうか。**招待状にかいた地図**を参考にして、あなたの考えを書きなさい。

みきこさんは、お母さんといっしょに、みんなで食べる昼食の準備をしています。

お母さん　「今日は、ハンバーグステーキと野菜サラダを作りましょう。友達を４人招待しているから、家族の分もあわせて**８人分**のごはんをたきましょう。この**メモ**をよく読んで、やってごらん。」

メモ

> ごはん１人分の分量
> 　　米：８０ｇ（１００mL）
> 　　水：米の重さの1.5倍、米の体積の1.2倍

お母さん　「**計量カップ**の使い方はわかるかな。**３００mL**の水は、２００mLの**計量カップ**で１カップと$\frac{1}{2}$カップになるわね。」

計量カップ

みきこ　　「わかったよ。**８人分**のごはんをたくために必要な水は、２００mLの**計量カップ**で　ア　カップと　イ　カップだね。」

お母さん　「そうだね。調理の時は後かたづけも大切なのよ。ハンバーグステーキを焼くために使ったフライパンは、洗う前に　　　　　ウ　　　　　と、むだな洗ざいや水を使わなくてすむわね。」

問題３　　ア　、　イ　にあてはまる数を答えなさい。
　　　　また、　ウ　にはどのようなことばが入るでしょうか。あなたの考えを書きなさい。

　友達が帰った後、みきこさんは、お父さんといっしょに、洗たくをすることにしました。

みきこ　　「わたしのワンピースは、ほかの洗たく物といっしょに洗うことができるかな。」

お父さん　「ワンピースは赤い色だね。そのほかの洗たく物は全部白い色だよね。こうたのくつ下はどろでよごれがひどいな。」

みきこ　　「赤い色のワンピースは　　　　　ア　　　　　といけないから、ほかの洗たく物とは別に洗った方がいいね。よごれがひどいくつ下は、洗たく機に入れる前に　　　イ　　　が必要ね。えりやそで口のよごれがひどい時も同じことをするね。」

問題４　　ア　、　イ　にはどのようなことばが入るでしょうか。あなたの考えを書きなさい。

3 夏休みに、ようこさんは、お父さん、お母さん、弟のけんじさんといっしょに、山登りに出かけました。登山道の入口から頂上までの道のりは１０kmあります。入口から９km地点のキャンプ場に一ぱくし、次の日は、頂上まで登って下山する予定です。

午前８時に登山道の入口を出発したようこさんの家族は、入口から６km地点の展望台に着きました。

お父さん 「今、ちょうど正午だね。この展望台でお弁当を食べて少し休んでから、午後１時３０分に出発しよう。」

けんじ 「キャンプ場に着くのは、何時になるかな。」

ようこ 「今までと同じ速さで歩けば、着くのは午後 ア 時 イ 分になりそうだね。」

問題１ ア 、 イ にあてはまる数を答えなさい。

休んだ後、再び出発しようとしたけんじさんは、お茶を飲もうとしました。

けんじ 「水筒のふたを開けたら、ストローからお茶が自然にあふれ出てきたよ。どうしてかな。」

ようこ 「水筒を強くおしたのではないの。」

けんじ 「おしてはいないよ。でも、ここに着いてから今までずっと日の当たる場所に置いていたから、水筒はかなり熱くなっているよ。」

お母さん 「水筒の中にはお茶と空気が入っているよね。」

ようこ 「そういえば理科で習ったけれど、

　　　　　　　　　　　　　　　　　　　　　　　　　　　から、
お茶がおし出されたのだと思うよ。」

問題２ にはどのようなことばが入るでしょうか。あなたの考えを書きなさい。

次の日、頂上に登った後にふもとの町に下りると、お店が２けんありました。ようこさんとけんじさんがほしかった**おみやげ**が、どちらのお店でもふだんは同じ値段で売られています。

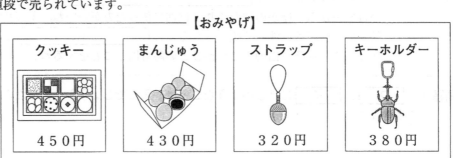

【おみやげ】

クッキー	まんじゅう	ストラップ	キーホルダー
４５０円	４３０円	３２０円	３８０円

4 かずおさんとりかこさんは、校外学習で科学館に来ています。

　かずおさんたちは、気象コーナーで、展示されている気象衛星の雲の画像を見ながら話をしています。

かずお　「この雲の画像からは、台風が九州の南の海上にあることがわかるね。長崎県には、毎年のように台風が接近してくるよね。」

りかこ　「台風の接近に対して、わたしたちは、日ごろからどのような備えをしておくことが大切なのかな。」

かずお　「｜　　　　　　　　ア　　　　　　　　｜ことなどが大切だね。」

りかこ　「気象情報や天気予報は、わたしたちの生活に欠かせないものになっているね。」

かずお　「今のような気象情報や天気予報がなかった昔の人は、どのようにして天気を予想していたのかな。」

りかこ　「ここに、天気の言い習わしのパネルが展示してあるよ。」

かずお　「このパネルを見ると、昔の人は、｜　　　　イ　　　　｜ことで、天気を予想していたことがわかるね。」

雲の画像　　　　　　　　　　　　　　　パネル

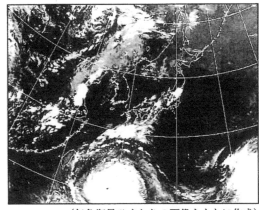

（気象衛星ひまわりの画像をもとに作成）

┌─────────────────┐
│　　**天気の言い習わし**　　│
│「夕焼け空の次の日は晴れ」│
│「山に雲がかかると雨」　　│
│「月にうすい雲がかかると雨」│
│「ツバメが低く飛ぶと雨」　│
└─────────────────┘

問題１　｜　ア　｜にはどのようなことばが入るでしょうか。あなたの考えを二つ書きなさい。

問題２　｜　イ　｜にはどのようなことばが入るでしょうか。あなたの考えを書きなさい。

かずおさんたちが、科学館の職員さんに案内されて立体パズルコーナーに行くと、テーブルに図のような厚紙がありました。

りかこ　「さいころの目がたくさんかいてありますね。」
職　員　「この厚紙からさいころの展開図を1枚切り取り、1個のさいころを組み立ててごらん。」
かずお　「わかりました。さいころは、向かい合った面の目の数の和が7になっていますよね。」
りかこ　「ということは、1と6、2と5、3と4の面がそれぞれ向かい合うように切り取らないといけませんね。」

図
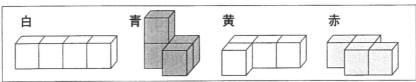

問題3　この厚紙からさいころの展開図を1枚切り取るには、どのように切り取ったらよいでしょうか。切り取り線を**解答用紙の図**に実線（━━）でかき入れなさい。ただし、問題用紙や解答用紙を折ったり切ったりしてはいけません。

となりのテーブルには、同じ大きさの立方体を4個つなげた**ブロック**が4種類置いてあり、それぞれ**白**、**青**、**黄**、**赤**で色分けしてありました。

ブロック

| 白 | 青 | 黄 | 赤 |

職　員　「この4種類の**ブロック**を1個ずつ使って、**完成例**のような直方体を2人で作ってごらん。」
かずお　「おもしろそうですね。やってみよう。」
職　員　「ただし、前方から見た面の色の配置が**前方図**と同じになるように作るんだよ。」
りかこ　「やっとできあがりました。」
職　員　「よくできたね。では、それを後方から見た面の色の配置はどうなっているかな。」

完成例

後方
前方

前方図

白	白	白	白
青	黄	黄	黄

問題4　後方から見た面の色の配置を、解答用紙の**後方図**に書き入れなさい。ただし、解答用紙には色の名前のみを書くものとします。なお、**後方図**の $\boxed{黄}$ は、黄のブロックの一部が見えているということを示したものです。

後方図

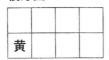

※**前方図**と**後方図**の中の文字は、色をわかりやすく表すために書いたものです。

平成二十八年度県立中学校入学者選抜作文問題

（四十五分）

次の文章を読んで、後の問題一、二に答えなさい。

「雑用が多くて時間がない」と言ったり、「雑用がなければ、もっとはかどるのに」と思うことがある。

しかし、本当に雑用のために時間が削られてしまっているのだろうか？ 雑用がなければ、仕事などがもっとはかどっていたのだろうか？

たとえば、下着類を洗濯することは雑用に見えるかもしれない。しかし、洗ってきちんと乾かしておかなければ、明日は汚れた靴下をつけて外出しなければならなくなる。それはとても不快なことではないだろうか。生理的な不快さは仕事の能率を確実に下げるだろう。

物事をよく見つめ、ちゃんと理解してみよう。雑用は決して不要な事柄ではないのだ。雑用に見えるどんな小さな事柄でも、それは生活の中のたいせつな一つなのである。気持ちよく生きていくために必要な事柄なのである。

あなたが雑用を雑に行うならば、それはまさしくうとましい雑用になる。しかし、こまごまとした用事を丁寧に行うならば、あなたは確かに精神的な安定感を得るだろう。心の一部が澄んだ状態になるのだ。そういう澄んだ心が他の事柄に影響を与えないはずがない。

また、雑用を行うことは脳をすみずみまで働かせることにもなる。雑用をすることは、手を動かし物事を選別し、順序立て、手際よく行うために工夫し、それらを統合して実現化させることだ。これはまさしく健康な脳を十分にいきいきと働かせて新しい脳力を得ることなのである。

（白取春彦『頭がよくなる思考術』）

（注）　生理的…感覚的。本能的。
　　　　事柄…事の内容。
　　　　うとましい…遠ざけたい気がする。

100

200

300

400

500

解答用紙　平成２８年度県立中学校入学者選抜適性検査問題　※130 点満点

受検番号

1

問題1	8点

問題3は各4点

問題2	8点

問題3

☐（　　　）＋☐（　　　）→☐｜☐（　　　）

☐（　　　）＋☐（　　　）→☐｜☐（　　　）

問題4	8点

(1 計 32 点)

2

問題1	4点

問題3のアとイは計6点

問題2	10点

問題3

ア	と	イ
カップ		カップ

4点

ウ

問題4	4点

ア

4点

イ

H28. 長崎県立中

K 教英出版

(2 計 32 点)

解答用紙　平成二十八年度県立中学校入学者選抜作文問題

※70点満点
（配点非公表）

問題一

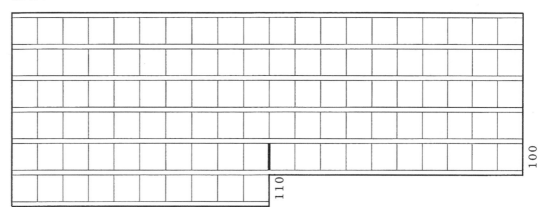

受検番号

問題1のアとイは計6点

3

問題1
午後　ア　時　イ　分
（7点）

問題2
7点

問題3
ア　3点
イ　3点
ウ

問題4
6点
円
↓
7点

（3計32点）

4

問題1
5点

問題2
5点

問題3
図

後方図

黄	

8点

問題4
8点

（4計34点）

問題一　筆者は「雑用」についてどのように考えていますか。九十字以上百十字以内で解答用紙に書きなさい。

【注意】

一、題名や名前は書かないでください。

二、原こう用紙の一行目から書き始めてください。

三、段落に分ける必要はありません。

問題二　この文章を読んで、あなたが考えたり感じたりしたことを、問題一で書いた内容と関連させながら、**四百五十字以上五百字以内**で解答用紙に書きなさい。

【注意】

一、題名や名前は書かないでください。

二、原こう用紙の一行目から書き始めてください。

三、必要に応じて、段落に分けて書いてください。

平成２７年度

県立中学校入学者選抜

適 性 検 査 問 題

長 崎 東 中 学 校

佐 世 保 北 中 学 校

諫早高等学校附属中学校

《 注 意 》

1　「はじめ」の合図で書き始めます。それまで、この問題冊子を開いてはいけません。

2　問題冊子は、１ページから９ページまであります。

3　中に、解答用紙が、１枚入っています。答えは、すべて解答用紙に記入してください。

4　「はじめ」の合図があったら、まず、受検番号を、問題冊子と解答用紙の受検番号のらんに書いてください。

5　印刷がはっきりしなくて読めないときや、体の具合が悪くなったときは、だまって手をあげてください。

6　検査中は、話合い、わき見、音をたてること、声を出して読むことなどをしてはいけません。

7　検査時間は６０分です。

8　「やめ」の合図で、えんぴつを置き、問題冊子と解答用紙は、机の上に置いて、教室から出てください。

数日後、けんたさんは国語の授業で意見文を書くことになりました。黒板に書き出された、けんたさんの意見文の構成について、みんなで話をしています。

先　生　「本論の部分に注目してみよう。自分の意見を相手にわかりやすく伝えるために、どのような工夫がされていますか。」

ようこ　「けんたさんが、森林を守っていかなければならないと考えた理由を、最初に書いているところです。」

先　生　「そうですね。本論の部分でほかに工夫されているところはありませんか。」

なおき　「　　　　　　　　　　　　　　　　　　　　　　　を書いているところです。」

黒板

意見文を書こう

〔めあて〕
自分の意見を相手にわかりやすく伝える方法を考えよう。

〈けんたさんの意見文の構成〉

〔序論〕
○少年自然の家の近くの森で、生き物のさまざまな関係を知った。
○森林を守っていかなければならない。

〔本論〕
○森林は生き物のすみかであり、空気をきれいにしたり、人の心をなごませたりする。
○森林を守るよりも、森林を切り開き道路や住たく地を造って、人間の生活を便利にするほうが大切だという考え方もある。
○しかし、森林には土しゃくずれやこう水を防ぐはたらきがあり、人間の生活を守ってくれる。

〔結論〕
○森林はすべての生き物にとって大切なものであるため、むやみにこわさず守り育てなければならない。

問題4　　　　　　　　にはどのようなことばが入るでしょうか。あなたの考えを書きなさい。

1 　けんたさんは、妹のまゆこさんと、少年自然の家に行きました。そこでは、けんたさんたちのお父さんの友人が所長を務めています。

　けんたさんたちは、所長さんのところにあいさつに行きました。

まゆこ　「こんにちは。」
所　長　「こんにちは。久しぶりだね。ところで、お父さんは元気にしていらっしゃるかな。」
まゆこ　「はい。お父さんは元気にしていらっしゃいます。」
けんた　「まゆこ、敬語の使い方がおかしいよ。『はい。　　　　　　　　　　　　』と言ったほうがいいよ。」

問題1　　　　　　にはどのようなことばが入るでしょうか。あなたの考えを書きなさい。

　けんたさんたちは、所長さんと近くの森にやって来ました。

まゆこ　「木がいっぱいあって、気持ちがいいね。草むらにはバッタがいるよ。」
けんた　「この木の根元にはカエルもいるよ。」
所　長　「気をつけて進むんだよ。毒があるヘビもいるからね。」
けんた　「森の中にはいろいろな生き物がいるんですね。」
所　長　「そうだね。森の中の生き物は、おたがいに関わり合って生きているんだよ。例えば、生き物どうしには、食べたり食べられたりする関係があるし、空気の中の酸素や二酸化炭素を通しての関係もあるんだよ。森の植物がなくなると、そこにすむ動物たちも生きられなくなるんだ。」
けんた　「そうなのですね。森は大切にしなければならないですね。」

　けんたさんは、**生き物どうしの関わり合い**を考え、森の中で見つけたバッタ、カエル、ヘビ、植物の間にある「食べる・食べられる」の関係と「生き物と二酸化炭素」の関係について次のような図を作成し、まとめようとしています。

図　生き物どうしの関わり合い

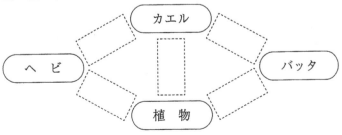

問題2　けんたさんは、図の中に「食べる・食べられる」の関係を実線矢印（———→）
　　　　で、「生き物と二酸化炭素」の関係を点線矢印（－－－→）で表すことにしま
　　　　した。例にならって**解答用紙**の図の［＿＿＿＿］の中に矢印をかき入れなさい。
　　　　ただし、［＿＿＿＿］の中の矢印は一つとは限りません。

例

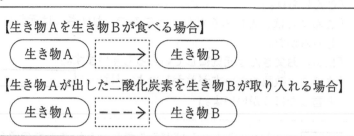

【生き物Aを生き物Bが食べる場合】

（生き物A）　｜－－－－→｜　（生き物B）

【生き物Aが出した二酸化炭素を生き物Bが取り入れる場合】

（生き物A）　｜－－－→｜　（生き物B）

　　けんたさんたちが森をぬけると、川がありました。川は大きく曲がって流れてい
ます。その川の曲がっているところの様子を観察して、**表**のような**観察記録**にまと
めました。

表　観察記録

	川　の　内　側	川　の　外　側
川 の 深 さ	川底の石が見えるぐらいの深さ。	川底が見えないぐらいの深さ。
川の流れの様子	ういている葉などがゆっくり流れている。	波があり、木の枝などが勢いよく流れている。
川岸の様子	こぶしぐらいの大きさの石が転がっている。	大きな岩があり、がけになっている。

まゆこ　「川の内側と外側とでは、深さがちがうのはどうしてかな。」
所　長　「**観察記録**を見てごらん。川の流れの様子と川岸の様子から理由がわかる
　　　　　よ。けんたさんはどのように考えるかな。」
けんた　「川の外側は［＿＿＿＿＿＿＿＿＿＿＿＿＿＿］から、川の内側より深い
　　　　　のだと思います。」
所　長　「そうだね。そのとおりだよ。」

問題3　［＿＿＿＿］にはどのようなことばが入るでしょうか。あなたの考えを書きなさい。

2 長崎県に住んでいるゆきこさんの家族を、いとこのしんやさんが訪ねて来ました。

しんやさんが飛行機を降りて、到着ロビーに出てきました。

ゆきこ　「ようこそ長崎へ。飛行機の旅はどうだった。」

しんや　「窓からのながめがきれいだったよ。着陸のとき、『NAGASAKI』という文字が見えたよ。」

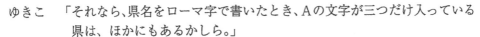

ゆきこ　「長崎県は、県名をローマ字で書くと、Aの文字が三つも入っているのよ。」

しんや　「そうだね。でも、和歌山県は四つも入っているよ。」

ゆきこ　「それなら、県名をローマ字で書いたとき、Aの文字が三つだけ入っている県は、ほかにもあるかしら。」

しんや　「　　　ア　　　や　　　イ　　　などがあるよ。」

問題1　　ア　、　イ　にあてはまる県名をそれぞれローマ字で書きなさい。

ゆきこさんたちは、家で長崎空港のパンフレットを見ています。

ゆきこ　　「長崎空港は世界初の海上空港なのよ。」

しんや　　「長崎空港がある島の広さはどのくらいなの。」

ゆきこ　　「わたしも知らないわ。地図で調べられないかな。」

お母さん　「地図に方眼紙を重ねてマス目を数えると、およその面積がわかるわよ。」

ゆきこさんたちは、地図と方眼紙を使って、長崎空港がある島の面積を調べています。

ゆきこ　　「この地図の縮尺は、2万5千分の1だったね。」

しんや　　「方眼紙のマスの1辺は、1cmだよ。」

ゆきこ　　「マスの1辺は、実際は　ア　mということになるね。」

しんや　　「地図上の島は、方眼紙の何マス分かな。数えてみよう。」

ゆきこ　　「41マス分ぐらいだよ。」

しんや　　「それなら、実際の島の面積は、およそ　　　イ　　　m²ということだね。」

問題2　　ア　、　イ　にあてはまる数を答えなさい。

かおりさんたちの学級では、花だんに花の種をまくことになっています。昼休みにかおりさんたちは花だんの担当などを確認するため、黒板にかいた図1の表に、図2のカードをはろうとしています。A、B、Cの花だんには、それぞれの班が1種類ずつ花の種をまきます。各班には一人ずつ班長がいます。

図1　表

花だん	A	B	C
班	ア		
班長		イ	
花			ウ

図2　カード

班	すくすく	いきいき	のびのび
班長	あけみ	はじめ	つよし
花	アサガオ	ヒマワリ	ホウセンカ

かおり　「Bの花だんの担当はすくすく班ではないわ。」
ゆうま　「のびのび班はアサガオの担当だよ。」
かおり　「あけみさんはホウセンカの担当の班長だね。」
ゆうま　「いきいき班の班長はつよしさんだね。」
かおり　「はじめさんの班はCの花だんの担当だね。」

問題4　かおりさんたちの会話をもとにして表を完成させたとき、表のア、イ、ウにはるカードをそれぞれ答えなさい。

　　放課後、ゆうまさんたちは、黒板の横に掲示物をはろうとしていて、おもしろいことに気づきました。

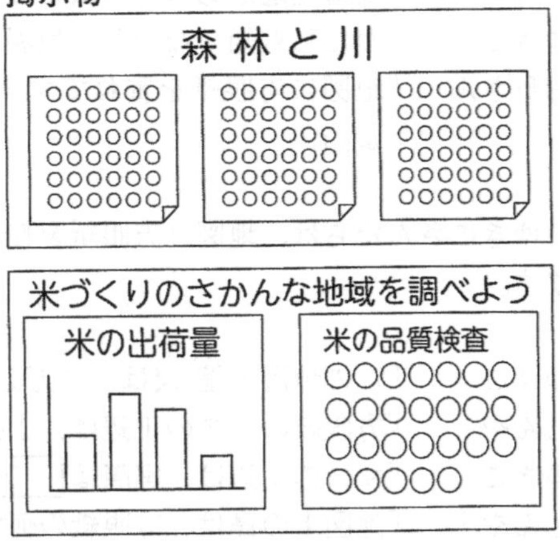

ゆうま　「これらの掲示物に書かれている熟語には、部首が同じ漢字でできているものがあるね。」

かおり　「本当だ。森林の森と林の部首はどちらも『木』だし、検査の検と査の部首もどちらも『木』だね。それから、地域の地と域の部首はどちらも『土』だね。」

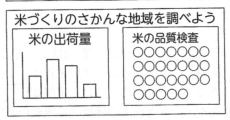

掲示物

森林と川
○○○○○ ○○○○○ ○○○○○

米づくりのさかんな地域を調べよう
米の出荷量　米の品質検査

ゆうま　「掲示物に書かれている熟語のほかにも、部首が同じで二つの異なる漢字でできている熟語があるよね。」
かおり　「そうね。例えば　ア　や　イ　などがあるね。」

問題5　ア　、イ　にあてはまる熟語を書きなさい。ただし、それぞれの熟語には同じ漢字を使ってはいけません。

次の日に、しんやさんたちが車で出かけていると、途中（とちゅう）で、**写真のような風景**が見えてきました。

しんや　「小さな田がたくさん並（なら）んでいて、きれいだね。」
ゆきこ　「棚田（たなだ）と言われているのよ。」
しんや　「なぜ棚田が作られたのかな。」
ゆきこ　「　　　　　　　　　　でも米づくりができるように、作られたんだよ。」
しんや　「よく考えられているね。農業についてもっと調べてみたいな。」

写真

問題3　　　　　　　にはどのようなことばが入るでしょうか。あなたの考えを書きなさい。

　農業に興味をもったしんやさんたちは、アメリカ、イギリス、ドイツ、フランス、日本の5か国の食料の輸入に関する**グラフ**を見て、話をしています。

しんや　「これは、あまり見たことのないグラフだね。」
ゆきこ　「グラフからどんなことがわかるかな。」
しんや　「平均輸送きょりがもっとも短い国は　ア　で、一人当たりの食料輸入量がもっとも少ない国は　イ　だということがわかるよ。」
お父さん　「ところで、フードマイレージということばを聞いたことがあるかな。フードマイレージとは、食料輸送量に輸送きょりをかけて出した数字のことだよ。」
ゆきこ　「グラフを見ると、5か国の一人当たりの輸入におけるフードマイレージを比べることができるね。」
しんや　「そうだね。5か国中、一人当たりの輸入におけるフードマイレージがもっとも大きいのは　ウ　で、次に大きいのは　エ　だということがわかるね。」

グラフ　一人当たりの食料輸入量と平均輸送きょり（2001年）

(km)

16000				●日本	
14000					
12000					
10000					
8000					
6000	アメリカ●		ドイツ		
4000		フランス	●	イギリス●	
2000					
0					

（平均輸送きょり）

　0　　200　　400　　600　　800(kg)
（一人当たりの食料輸入量）
（農林水産省の資料をもとに作成）

問題4　　ア　～　エ　に入る国名をそれぞれ答えなさい。

3 ゆうまさんとかおりさんは同級生です。

登校後、ゆうまさんたちは、今朝の朝食について話をしています。

ゆうま 「今朝は、自分でみそしるをつくったよ。とうふ、
だいこん、こねぎをみそしるの実にしたよ。」

かおり 「みそしるの実はどういう切り方にしたの。」

ゆうま 「とうふは1cm角のさいの目切り、だいこんは厚さ
5mmのいちょう切り、こねぎはうすい小口切り
にしたよ。最初にどの実をなべに入れたかわかる
かな。」

かおり 「わかるよ。 ア でしょう。」

ゆうま 「そうだよ。その理由はわかるかな。」

かおり 「 イ からだよね。」

図 みそしるの実
とうふ

だいこん

こねぎ

問題1 ゆうまさんは、みそしるの実を図のように切ってなべに入れました。 ア
にあてはまるみそしるの実を答えなさい。

問題2 イ にはどのようなことばが入るでしょうか。あなたの考えを書きなさい。

かおりさんたちの学級にはいろいろな道具を入れる箱があり、その箱は上から見
ると図のようになっています。休み時間に、整とん係のかおりさんたちは、箱の
仕切り方について相談しています。

かおり 「この箱は仕切りを使って四つに等
しく仕切ってあるけれど、道具に
よっては入れにくいね。」

ゆうま 「そうだね。ぼくのうちの台所の引
き出しは、道具の形に合わせて整
理できるように、いろいろな形に
仕切ってあったよ。この箱の底に
はマス目がかいてあるから、それ
を利用して箱を四つに仕切りなお
してみたらどうかな。」

図 箱を上から見たところ

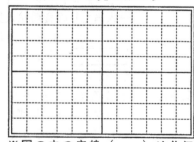

※図の中の実線（──）は仕切
りを表しています。また、点
線（------）はマス目を表して
います。

かおり 「そのとき、箱の底の部分が、すべて等しい面積で、すべて異なる形の長
方形になるようにできるかな。」

ゆうま 「それはできないよ。すべて等しい面積にするのであれば、どうしても四
つの長方形のうち二つだけは合同になってしまうよ。」

かおり 「それでもいいね。そのように仕切りなおしましょう。」

問題3 かおりさんたちは、新しい仕切りを使って箱をどのように仕切りなおしたと
考えられますか。仕切りを解答用紙の図に実線（──）でかき入れなさい。

4 たろうさんたちは、もうすぐ小学校を卒業します。

たろうさんの学級では、「お楽しみ会を開こう」という議題で学級会を開きます。計画委員のたろうさんたちが、学級会に向けて準備をしています。

たろう　「今度のお楽しみ会のめあては、『学級のみんなでいっしょに楽しもう』だったね。お楽しみ会で、どんなことをしたいのか、みんなにアンケートをとろうと思うけれど、そのために先に決めておいた方がいいことはないかな。」

さくら　「お楽しみ会をする日にちは、先生と相談して決めておいた方がいいと思うわ。」

たろう　「そうだね。ほかには、どんなことを決めておいたらいいかな。」

まきこ　「[　　　　　　　　　　　]も決めておいた方がいいと思うわ。」

かずや　「そうだね。それも必要だね。」

問題1　[　　　]にはどのようなことばが入るでしょうか。あなたの考えを書きなさい。

たろうさんの学級の卒業文集のテーマは「将来の夢」です。看護師になりたいと思っているたろうさんは、新聞を読んで気になったことを先生に質問しています。

たろう　「『さらに人口の高齢化が進むと予想』という記事を見つけました。これは、高齢者が増えていくという意味ですか。」

先　生　「その意味は少しちがうんだよ。**将来人口の移り変わりを示した資料があるよ。このグラフを見てごらん。**６５さい以上の高齢者の人口が、これから先も増え続けるとは言えないことがわかるだろう。」

たろう　「そうですね。すると、『人口の高齢化が進む』という意味は、[　　　　　　　　　　　　　　　　　　　]ということなのですね。」

先　生　「そのとおりだね。」

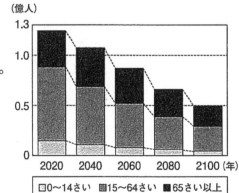

グラフ　将来人口の移り変わり

（億人）

□0～14さい　▨15～64さい　■65さい以上

（『日本の統計：人口推移と将来人口』をもとに作成）

問題2　[　　　]にはどのようなことばが入るでしょうか。グラフを参考にし、「６５さい以上の人口」ということばを使って、あなたの考えを書きなさい。

たろうさんたちは、次回の学級活動について話し合っています。

たろう　「次回の学級活動では、それぞれの思い出を漢字一文字で表して紙に書いたものを、教室の後ろの掲示板に掲示しようと思うんだ。」

わかな　「どんな方法で掲示するの。」

たろう　「図1のように、35枚の紙を横一列に並べて、画びょうでとめようと考えているよ。」

わかな　「1枚の紙を掲示するのに、画びょうは4個必要ね。」

たろう　「2枚の紙が重なったところを画びょう1個でとめると、2枚の紙を掲示するのに画びょうは7個ですむよ。」

わかな　「その方法で35枚の紙を掲示するのに、画びょうはいくつ必要なのかな。」

たろう　「　ア　個必要だね。」

わかな　「たくさん必要だね。別の方法はないかな。」

たろう　「図2のように縦に3枚、2枚と交互に並べていくのはどうだろう。」

わかな　「そうすると、見た目もきれいだし、画びょうも　イ　個ですむね。この方法をみんなに提案してみよう。」

図1　横一列に並べる掲示方法

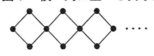

全部で35枚

※図1の●は、画びょうを表しています。また、紙に書いた文字は省略しています。

図2　縦に3枚、2枚と交互に並べる掲示方法

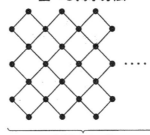

全部で35枚

※図2の●は、画びょうを表しています。また、紙に書いた文字は省略しています。

問題3　　ア　、　イ　にあてはまる数をそれぞれ答えなさい。

　　学級で話し合った結果、思い出の漢字は円柱に色をぬり、その側面に掲示することに決まりました。色をぬる係のすみれさんとたろうさんが話をしています。

すみれ　「円柱の上の円の部分全体に色をぬったら、100mLのペンキのかんを1かん使いきってしまったわ。」

たろう　「まだ側面には色をぬっていないよね。下の円の部分はぬらなくてもいいけれど、側面全体に色をぬるにはあとどれくらいペンキが必要かな。」

すみれ　「円柱の高さは90cm、円の直径は60cmだったよね。」

たろう　「それなら、100mLのペンキのかんが、あと　　　かんは必要だね。」

円柱

高さ

直径

問題4　　　　にあてはまる数を答えなさい。ただし、円柱の側面と上の円の部分のペンキのぬり方は、同じであるものとします。

平成二十七年度県立中学校入学者選抜作文問題

（四十五分）

次の文章を読んで、後の問題一、二に答えなさい。

　職業・仕事によって、わたしたちはいろいろなものを手に入れることができます。お金や地位や名声が、あとでついてくることもあります。でも、それだけではありません。わたしたちは職業によって社会とつながっていることを忘れないでください。社会とつながっているという感覚はとても大切です。それは、社会から必要とされている、他人から認められているという感覚を持つことでもあるからです。職業につき働くことで、わたしたちは充実感や達成感、それに友人や仲間を得て、集団や会社や組織に属することで、自分の居場所を確かめることができます。

　わたしたち人類の祖先は、ずっと長い間、今の類人猿と同じように４本の手足を使って歩行していました。しかし、あるとき２本足で立ち上がりました。どうして２本足での歩行をはじめたのか、実ははっきりとはわかっていません。しかし、２本足で歩行することで、何が起こったかははっきりしています。両手を使えるようになったのです。２本足での歩行を開始したわたしたちの祖先は、自由になった両手で、狩りでしとめた獲物や、採取した果物や穀物などを、家族や仲間たちに「持ち帰る」ことができるようになりました。

　わたしたち人類の大きな特徴の一つは、家族や仲間たちといっしょに食事をするということです。狩りでしとめた獲物の肉や、果物や穀物を持ち帰った人は、家族や仲間から感謝され、喜びを感じたことでしょう。大切な人たちのために何かをすると、それ自体が喜びだと、現代に生きるわたしたちにも刷り込まれているのです。繰り返しますが、わたしたちは職業によって社会とつながっています。だから、職業を選ぶということは、他人・社会・世界に対して、自分は何がしたいのか、何ができるのか、という問いに、自ら答えることでもあります。

（村上龍『新13歳のハローワーク』）

受検番号

解答用紙 平成２７年度県立中学校入学者選抜適性検査問題 ※130点満点（配点非公表）

1

問題1

問題2

図

```
        カエル
ヘ ビ    [  ]    バッタ
        植 物
```

問題3

問題4

受検番号

2

問題1 | ア | イ

問題2 | ア | イ
（m） （m）

問題3

問題4 | ア | イ
| ウ | エ

H27. 長崎県立中
K 教英出版

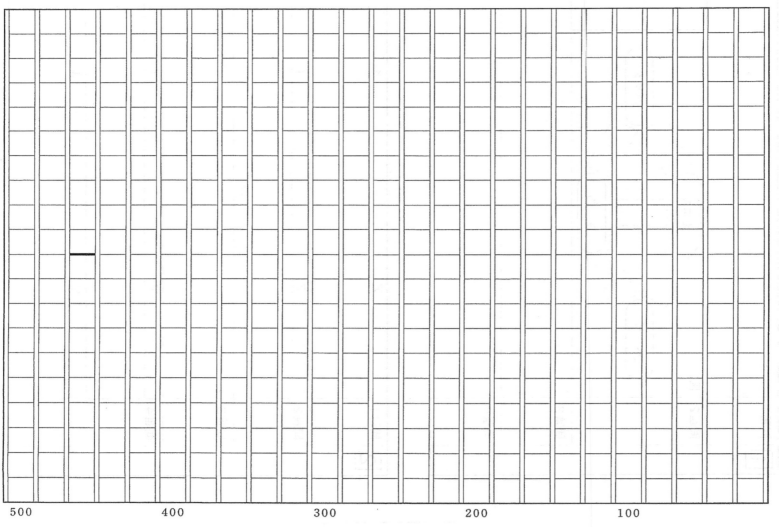

500　　　　400　　　　300　　　　200　　　　100

解答用紙　平成二十七年度県立中学校入学者選抜作文問題

問題一

110

※70点満点
（配点非公表）

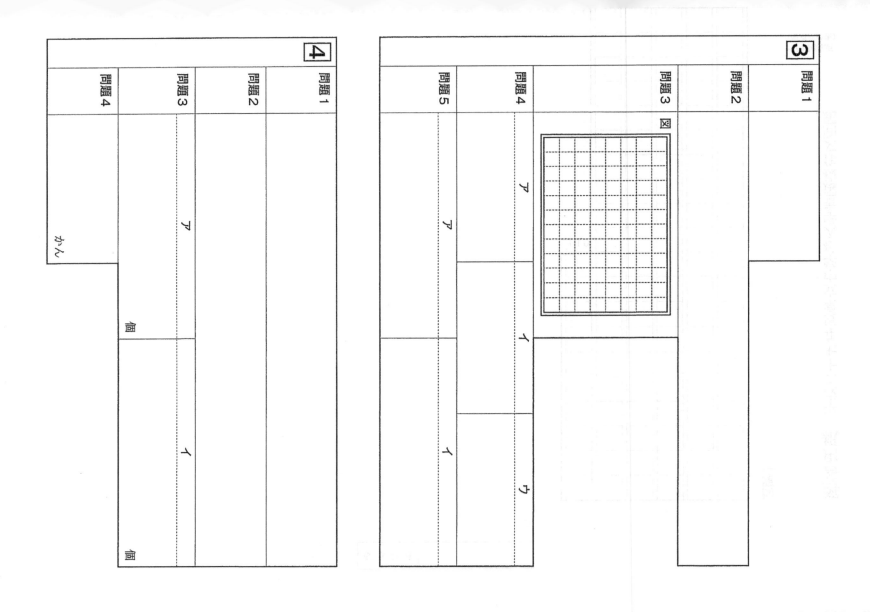

問題一　職業によって社会とつながっていることを忘れないでください　とありますが、筆者はなぜそのように考えるのでしょうか。　九十字以上百十字以内で解答用紙に書きなさい。

【注意】

一、題名や名前は書かないでください。

二、原こう用紙の一行目から書き始めてください。

三、段落に分ける必要はありません。

問題二　この文章を読んで、あなたが考えたり感じたりしたことを、問題一で書いた内容と関連させながら、四百五十字以上五百字以内で解答用紙に書きなさい。

【注意】

一、題名や名前は書かないでください。

二、原こう用紙の一行目から書き始めてください。

三、必要に応じて、段落に分けて書いてください。